마흔에 읽는 다산

마흔에 읽는 다산

품격 있는 어른을 위한
인생 수업

정성희 지음

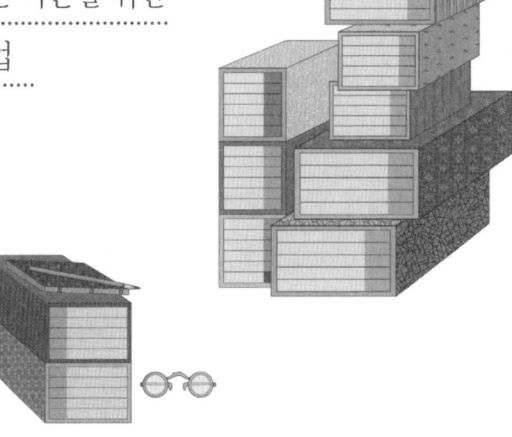

사우

들어가며

인생을 다시 세우는 다산의 말, 다산의 삶

마흔이 훌쩍 넘은 나이였다. 그 무렵 나는 인생 후반부가 이제야 비로소 내 뜻대로 펼쳐질 거라 믿고 있었다. 그러나 삶은 내가 그린 그림과는 다른 방향으로 흘러갔다. 지금 돌이켜보면 그저 한 굽이였을 뿐이지만, 그때의 나는 깊은 고통 속에서 방향을 잃고 있었다. 주변을 원망하고, 나 자신을 자책하며 한동안 아무것도 붙잡지 못했다.

그 어떤 위로도 닿지 않던 시절, 나는 문득 다산의 책 한 권을 꺼내 들었다. 꺼져가는 등불처럼 흔들리던 내 마음에 그의 문장이 다시 빛을 불어넣었다. 나는 자세를 고쳐 앉아 다산의 글을 읽고 또 읽었다. 책을 덮고 나면, 마음에 남은 구절과 시를 조용히 노트에 옮겨 적었다.

역사 연구자로서 다산의 생애와 업적을 익히 알고 있었지만, 그때 처음으로 다산의 '삶'이 내게 말을 걸어왔다. 그의 고통은 나의 고통과 닮아 있었고, 그가 걸어간 길은 내가 걸어야 할 길처럼 느껴졌다.

다산은 권력의 중심에서 한순간에 나락으로 떨어졌고, 억울한 유배를 감당해야 했다. 그러나 그는 쓰러지지 않았다. 유배지 강진에서 자신을 다시 세우고, 배움과 사유로 세상의 고통을 품었다. 앞이 보이지 않을 때도, 외롭고 억울한 날에도 그는 묵묵히 자신이 가야 할 길을 걸어갔다.

그렇게 다시 만난 다산은 내게 말없이 일러주었다. 느닷없이 들이닥친 고난을 견디는 법에 대하여, 품격 있는 어른이라면 어떻게 살아야 하는지, 그리고 나 자신을 잃지 않는 단단한 삶에 대하여. 그는 어디에서도 "이렇게 살아야 한다"라고 가르치지 않았다. 다만, 자기 생의 전부를 증언으로 남겼을 뿐이다. 그 증언이 나를 일으켜 세웠다. 그 뒤로 나는 날마다 다산을 만났다. 그의 문장은 어느덧 내 안의 어둠을 비추는 등불이 되었다.

다산이 쓴 《목민심서》에는 이런 일화가 실려 있다.

남쪽 지방의 호걸이던 갈의거사는 어느 날 장터에서 도둑으로 잡혀 결박당한 이를 보고 눈물을 흘리며 말했다.

"자네가 굶주려 훔쳤다면, 그 또한 목숨을 위한 일이 아닌가."

사람들은 거사의 말에 놀라서 웅성거렸고, 군관은 거사를 함께 결박하려 했다. 그러자 거사는 이렇게 대꾸했다.

"지금 세상에는 온갖 도둑이 가득하다. 밭에서는 세금을 속이고, 관청에서는 백성의 곡식을 도둑질한다. 높은 자리에 있는 자일수록 더 많은 도둑질을 하고, 더 큰 부를 누린다. 서너 끼를 굶다 못해 먹을 것 한 조각 훔친 사람만 이런 욕을 당하니, 어찌 슬프지 않겠는가."

군관은 그 말을 듣고 고개를 숙였다.

다산은 이 일화를 통해 '진정한 도둑은 권력으로 백성을 착취하는 자'임을 드러냈다. 그의 비판은 도덕적 설교가 아니라 세상의 불의에 통렬하게 맞선 지식인의 양심이었다. 그는 정조 임금의 총애를 받던 관료 시절이나 유배지에서 저술에 몰두할 때나 권력의 편에 서지 않았다. 언제나 고통받는 이들 편에 서 있었다.

누구보다 강직했던 다산이지만, 위선적인 도덕가로 보이는 것은 매우 경계했다. 〈탄빈(歎貧)〉이라는 시에서 그는 안빈낙도를 배우려 했으나 "가난 속에 처하니 편안치 않다"라며 솔직한 심경을 고백하기도 했다.

매사에 안빈낙도 실천하려 하나	請事安貧語
막상 가난하니 편안치가 않네	貧來却未安

한숨 짓는 아내에 기풍 꺾이고	妻咨文采屈
굶주린 자식 보니 가르침도 힘드네	兒餒敎規寬
꽃과 나무 온통 쓸쓸히 시들고	花木渾蕭颯
시와 책은 하나같이 손에 잡히지 않네	詩書摠汗漫
부잣집 울타리 밑 저 보리 보소	陶莊籬下麥
가난한 이에게는 그림의 떡이구나	好付野人看

가난에 흔들리고, 가족의 한숨에 마음이 꺾이는 심경을 그는 숨기지 않았다. 그 정직함이야말로 다산을 품격 있는 인간으로 만든 덕목이었다. 그는 이상을 말하면서도 현실을 외면하지 않았고, 세상을 비판하면서도 자신에게서 눈을 돌리지 않았다. 그의 글이 지금도 우리를 위로하는 이유는 바로 그 솔직함에 있지 않을까. 그는 결코 완벽하지 않았지만, 언제나 진실했다.

이 책에서 '정약용' 대신 '다산'이라는 호칭을 택한 데는 나름의 분명한 이유가 있다. 그 이름은 그가 유배지에서 다시 얻은 또 하나의 자신이자, 고난을 통과하며 새로 태어난 인간의 상징이었다. '다산'이라 부를 때마다 나는 절망을 지나온 이만이 지닐 수 있는 평정과 지혜를 떠올린다.

책을 쓰는 동안 수많은 순간이 있었다. 자료를 읽다 마음이 먹먹해 멈춘 날도 있었고, 밤새 원문을 옮기며 다산의 숨결을 곁에서 느끼는 듯한 날도 있었다. 어쩌면 이 책은 그와 오랫동안 이어온 대화의 기록일지도 모른다.

다산의 글은 오늘의 우리에게 말을 건다. 뜻대로 되지 않는 나날일지라도 잠시 멈춰 숨을 고르고 다시 나아가도록 용기를 준다.

원고를 탈고하면서 나는 그 옛날 다산이 거닐던 마재 언덕을 떠올렸다. 그 언덕의 바람은 여전하고, 강물은 쉼 없이 흐른다. 다산이 걸었던 그 길 위에서, 나 또한 조용히 발걸음을 옮긴다.

이 책을 쓰면서 지나온 시간을 되돌아보며 그동안 나를 이끌어주신 고마운 분들의 얼굴이 떠올랐다.

먼저, 은사이신 고(故) 이성무 선생님께 깊은 감사의 마음을 드린다. "역사 공부는 도(道)를 배우는 길이다." 선생님께서 남기신 그 한 마디 말씀은 역사 연구자로 사는 내내 나를 바로 세워주었다.

실학박물관에 발을 들이게 해주신 안병직 초대 관장님, 늘 학문과 삶의 균형을 일깨워주신 정기준 서울대 명예교수님께도 진심으로 감사드린다. 이분들의 가르침이 없었다면 오늘의 나는 존재하지 못했을 것이다.

이 책이 세상에 나오기까지 많은 분의 도움을 받았다. 오랜 세월 다산 연구의 길을 닦아오신 선학들의 저서와 논문을 비롯하여, 언제나 응원을 보내주시는 실학훼밀리 이문원 회장님과 윤형진 부회장님, 지봉이수광연구소 이남영 소장님과 이운영 부소장님,

그리고 여러 실학자 후손들께 감사드린다. 특히 다산 7대 종손가 정호영·이유정 종손 내외분께 이 자리를 빌려 깊이 감사의 마음을 전한다. 그분들의 노력과 묵묵한 헌신이 없었다면, 오늘의 다산 연구는 이루어질 수 없었을 것이다.

아울러 원고 기획부터 출간에 이르기까지 긴 여정을 함께해준 사우출판사 문채원 대표님께 감사드린다. 오랜 시간 변함없이 보내준 신뢰와 격려는 이 책을 완성하는 데 든든한 힘이 되었다. 원고를 여러 차례 정독하며 따뜻한 조언과 현명한 지혜를 나누어준 문은순, 윤수희 두 동학과, 항상 말없이 곁을 지켜주며 용기와 위로를 건네준 남편에게도 고마운 마음을 전한다.

이 책은 다산의 마흔 이후 생애를 따라가며 어른으로서의 책임과 성찰, 그리고 실천으로 나아간 사유의 힘을 조명한 글이다. 다산의 정신이 이 시대를 밝히는 지적 품격의 기준으로 되살아나길 바라며, 그 길을 함께 찾고자 하는 이들에게 이 책을 바친다.

그가 남긴 사유의 빛이 오늘을 살아가는 우리 모두에게 다시 길이 되기를 소망한다.

을사년, 두물머리를 바라보며
저자 씀

들어가며_인생을 다시 세우는 다산의 말, 다산의 삶 • 004

〔1부〕

꽃 같은 인생에 벼락이 내리치는 순간
; 고난에 대하여

- 첫 벼슬의 다짐 – 청렴은 능력이다 17
- 승승장구하는 와중에 문득 찾아온 깨달음 25
- 작은 자리에 충실하지 못하면 높은 자리를 감당할 수 없다 35
- 변치 않는 의리는 사람을 살게 한다 44
- 비방 받는 인생, 이것이 내 운명인가 51
- 세상에 나설 수 없는 이름이 되어 보니 59
- 유배지로 떠나는 마음 64

〔2부〕

삶의 본질에 다가가기
; 성찰의 힘

- 지켜야 할 것 중 가장 큰 것은 나 자신을 지키는 것 ·········· 73
- 무지개를 쫓아 달려가도 멀어져만 가고 ·········· 79
- 벼락은 나무를 가리지 않고, 재앙은 선악을 가리지 않는다 ·········· 85
- 우리는 왜 화려함보다 소박함에 끌리는가 ·········· 93
- 고향 산천을 그림으로 그리면 병이 낫는다지 ·········· 100
- 권력과 돈을 잃고 슬퍼하는 자,
  밤 한 톨 잃고 우는 어린아이와 같다 ·········· 105
- 은혜를 저버리는 자를 멀리 하라 – 첫째 아들에게 보낸 편지 ·········· 112
- 비밀을 만들지 말아라 – 둘째 아들에게 보낸 편지 ·········· 119
- 입장이 다른 사람과 우정을 유지하는 법 ·········· 128
- 은혜를 갚는 가장 좋은 방법 ·········· 135

[3부]

어떻게 나이 들 것인가
; 진정한 자유로움

- 더 바랄 것이 무엇이랴 ………… 145
- 노년에 하는 공부의 의미 ………… 152
- 도덕적 인간은 어떻게 가능한가 ………… 159
- 늙은 아버지의 자부심과 희망 ………… 165
- 나는 늙어도 유쾌한 선비라네 ………… 172
- 내가 떠나도 너희들이 있다 ………… 179
- 지적인 자극을 주는 친구가 필요하다 ………… 186
- 어떻게 인생을 마무리할 것인가 ………… 194
- 생의 끝자락에서 자신의 삶을 기록하기 ………… 199

〔4부〕

무엇을 남길 것인가
; 헌신과 감사

- 죽은 자식이 산 자식의 두 배 207
- 며느리의 무덤을 찾아간 날 215
- 어머니 같았던 형수에 대한 추억 221
- 또 다른 어머니의 헌신을 기억하며 227
- 다산이 평생 지키고자 한 네 가지 덕목 231
- 경계를 넘지 않은 절제 238
- 깨달음은 바른말에서 온다 243

1 ···

벼슬은 내려놓았고 이름은 지워졌다.
정조는 떠났고 세상은 등을 돌렸다.
죽음을 마주한 밤들과
참담한 이별의 아침들이
차례로 지나갔다.
사랑하는 이들을 뒤로한 채,
아득히 이어진 길 위에 홀로 선 다산.
갑자기 들이닥친 고난 앞에서
고요히 삶이 던지는 질문 앞에 서 있었다.

꽃 같은 인생에
벼락이 내리치는 순간

― 고난에 대하여

첫 벼슬의 다짐
― 청렴은 능력이다

공정과 청렴으로 정성을 다하리다

1789년 정월 스무이렛날, 바람은 차고 하늘은 맑았다. 새해 벽두, 희정당을 나서는 젊은 선비의 걸음은 무겁고도 조심스러웠다. 문과에 급제한 지 얼마 되지 않은 스물여덟의 정약용, 그는 생애 처음으로 조정에 나아가는 길에 서 있었다.

여러 차례 임금 앞 과거 응시하다가	屢應臨軒試
마침내 포의(布衣) 벗고 벼슬길에 들어섰네	終紆釋褐榮
하늘의 조화가 참으로 깊어	上天深造化
보잘것없는 나를 너그러이 길러주셨네	微物厚生成
비록 재주 모자라 직무 감당 어려우나	鈍拙難充使
공정과 청렴으로 정성을 다하리다	公廉願效誠
임금의 하사 말씀 참으로 격려 되었고	玉音多激勵

부모님 마음도 조금은 위로 되었으리 　　頗慰老親情

_〈문과에 급제하여 희정당에서 임금을 뵙고 물러 나와 지은 시(正月卄七日賜第 熙政堂上謁 退而有作)〉

　이 시는 다산이 정조 임금 앞에서 바친 첫 고백이었다. 벼슬길에 오른 순간, 그가 가장 먼저 마음에 새긴 것은 세속의 영광이 아니라 '공렴(公廉)' 두 글자였다. 그러나 안타깝게도 그가 마주한 조정의 현실은 이미 기울어 있었다. 지방 수령 자리는 연줄과 청탁의 대상이 된 지 오래였고, 인사 또한 사사로운 감정에 좌우되었다. 아무개는 곧 퇴직하니 마지막 기회를 줘야 한다는 말이 당연히 통용되고, 아무개는 생계가 어려우니 배려해야 한다는 명분이 그럴듯하게 쓰였다. 공정은 뒷전으로 밀리고 사사로움이 앞을 가리고 있었다.

　다산은 이러한 세태를 '은혜의 땅이 시혜의 벼슬로 변한 시대의 망령'이라 여겼다. 임금이 신하에게 내리던 탕목읍(湯沐邑)은 이제 연고와 보은의 수단으로 왜곡되었다. 관직은 백성을 위한 자리가 아니라 사사로운 정을 갚는 도구로 전락하고 있었다. 그런 세상에서 다산이 선택한 길은 부귀도 권세도 아니었다. 첫 벼슬 앞에서 스스로에게 내린 다짐은 단 하나였다.

　"공정과 청렴으로 정성을 다하리다."

　이 한 마디에는 흐려진 시대의 도덕을 정면으로 응시하며 바르게 서겠다는 고요한 결심이 담겨 있었다. 그 다짐은 이후 다산의 모든 관직 생활에서도, 유배지에서의 저술 작업에서도 흔들리지 않았다.

뇌물은 독을 본 듯 물리쳐야 한다

벼슬길에 오른 뒤 다산은 무엇보다 스스로를 단속했다. 임금의 총애가 깊을 때도 공과 사의 경계를 엄격히 지켰고, 뇌물로 의심받을 만한 일은 애초에 가까이하지도 않았다. 그에게 뇌물은 사람의 마음을 병들게 하고 공동체의 신뢰를 무너뜨리는 독이었다. 《산재냉화(山齋冷話)》에서 그는 탐욕에 젖은 관리가 뇌물을 받아 늘어놓는 모습을 짐승의 독이나 비소 같은 극약에 비유했다. 뇌물은 한낱 재물이 아니라 사람의 마음을 병들게 하고 공동체의 신뢰를 무너뜨리며 삶의 뿌리를 흔드는 독과 같은 것이다.

"뇌물을 보는 순간, 독을 본 듯 물리쳐야 한다."

이 말은 다산이 생각한 청렴의 출발점이었다. 그는 탐욕이 인간성과 국가의 기강을 어떻게 무너뜨리는지를 꿰뚫어 보았다. 세상의 법망은 잠시 피해 갈 수 있을지 몰라도 하늘의 응시는 결코 피할 수 없다. 뇌물은 아무리 은밀히 오가더라도 끝내 드러나게 마련이라는 것이 그의 확신이었다.

"한밤중에 한 일이 아침이면 이미 드러난다."

이 말은 도덕적 훈계를 넘어선 경고였다. 은밀히 주고받은 뇌물은 반드시 흔적을 남기고, 그 흔적은 시간이 흐를수록 모습을 드러낸다. 뇌물은 사람과 사람 사이의 신뢰를 허물고, 사회 질서를 조금씩 무너뜨린다. 아무리 은폐를 시도해도 균열은 드러날 수밖에 없으며, 마침내 나라의 기강마저 흔들리게 된다. 다산의 시선은 날카로웠다. 그는 뇌물을 눈앞의 이익이 아니라, 국가 전체의 신뢰 체계를 무너뜨리는 치명적 균열로 보았다.

다산이 경계한 것은 주고받는 금품만이 아니었다. 작고 하찮은 물건 하나라도 정이 얽히는 순간, 이미 사사로움은 시작된다. 청렴은 거창한 구호가 아닌 일상의 작은 습관에서도 쉽게 무너질 수 있는 것이다. 작은 선물 하나가 관계를 기울게 만들고, 결국 공정은 소리 없이 허물어진다. 뇌물의 위험은 사람 사이의 미묘한 '정(情)'에서 비롯된다. 다산은 청렴을 지키려면 이 정마저 경계해야 한다고 강조했다. 청렴은 결백과 절제를 넘어, 공적인 관계를 사사로움으로부터 지켜내는 엄격한 자기 단속이다.

다산에게 청렴은 도덕적 미덕에만 머무는 개념이 아니다. 그것은 정치 윤리의 기준이자, 공동체의 신뢰를 지탱하는 최소한의 원칙이었다. 뇌물을 단호히 거부하는 태도는 청빈한 생활의 문제가 아니라, 공직자의 존재 이유를 지키는 실질적 조건이었다.

이 원칙은 오늘을 사는 우리에게도 여전히 유효하다. 작은 정에 흔들리지 않고 일상에서 사사로움을 끊어내는 것, 바로 그 지점에서 청렴은 출발한다.

유능한 행정의 기본

다산에게 청렴은 지방관이 지켜야 할 첫 번째 직무이자, 만 가지 선의 근원이었으며 모든 덕의 뿌리였다. 그는 청렴 없는 정치는 불가능하다고 단언했다.

"청렴은 지방관의 본분이요, 만 가지 선의 근원이요, 모든 덕의 뿌리다. 청렴하지 않으면서 정치를 잘한 자는 일찍이 없었다."

정치는 결국 사람을 다루는 일이다. 사람이 사람을 이끄는 자리에 서리면 무엇보다 투명하고 맑은 마음이 바탕이 되어야 한다. 다산은 청렴을 '천하의 큰 장사'라 불렀다. 탐욕이 클수록 오히려 청렴을 가장 귀한 자산으로 삼아야 한다는 뜻이다. 여기에는 청렴을 외형의 덕목으로만 여기지 않고, 자기 수양의 뿌리로 삼았던 그의 태도가 드러난다. 그는 청렴을 드러내어 자랑하기보다 묵묵히 실천하는 것이 더 어렵고도 중요한 일이라 강조했다.

"벼슬살이를 청렴하게 하는 것은 당연한 일이다. 청렴하기가 어려운 것이 아니라, 그 청렴함을 드러내지 않기가 어려운 것이며, 자신의 청렴을 믿고 남을 핍박하거나 업신여기지 않기란 더욱 어려운 것이다."

다산이 말한 청렴은 금욕에 머무는 태도가 아니다. 아무리 청렴한 수령이라도 업무에서 치밀하지 못하거나 지나치게 인색하면 그것은 곧 무능으로 이어지고, 무능한 선의는 결국 백성을 해친다. 그는 이런 청렴을 결코 진정한 청렴으로 인정하지 않았다.

"윗자리에 있는 관리가 탐욕스러우면 백성들이 오히려 살아갈 방도를 찾을 수 있다. 그러나 청렴하면서도 지나치게 각박하고 인색하면 백성들의 생계는 곧바로 막힌다. 예로부터 청렴한 관리의 자손이 대체로 크게 번성하지 못한 것은 그 각박함 때문이었다."

청렴은 결백을 넘어 유능한 행정을 가능케 하는 정치 윤리의 기준이다. 청렴한 수령이라도 경제 관념 없이 재물을 내놓는 데만 힘쓰고 쓰임새를 알지 못하면, 기생집이나 절간에 재물을 흩뿌리는 것과 다를 바 없다. 이는 본디 잘못된 길이다. 다산은 말한다. "설령 소를 사서 백성에게 나누어주거나 빚을 마련해 살림살이를 돕는다 해도, 실제 현장에서는 약속된 규칙이 금세 무너져버리곤 했다. 결국 재물은 토호와 아전들 손에 흘러 들어가고, 빚은 힘없는 백성들에게 억지로 떠넘겨져 오히려 살림이 더욱 어려워졌다."
다산에게 청렴은 일을 제대로 해내는 능력과 결합할 때에야 비로소 참된 의미를 지니는 것이었다.

또한 청렴은 공직자가 갖추어야 할 품격이기도 했다. 다산은 생일조차 사사로운 향응의 빌미가 되어서는 안 된다고 경계했다. 지방관의 생일에 각 관청이 음식을 차려도 결코 받아서는 안 된다고 강조했다. 공직자의 삶에는 사사로움이 끼어들 틈조차 없어야 한다는 것이 그의 일관된 원칙이었다.

청렴은 공직자의 유일한 유산

다산은 《목민심서》에서 청렴을 세 단계로 구분했다. 가장 높은 단계는 봉록(월급) 이외에는 아무것도 취하지 않는 관리다. 관청의 자산을 집으로 가져가지 않고, 임기를 마치고 돌아갈 때는 말을 모는 채찍 하나만 들고 나오는 자다. 그다음은 정당한 명목이 있으면 취하되, 불의한 것은 취하지 않는 관리다. 마지막은 관행으로 굳어진 것이라면 정당하지 않아도 따르되, 새로이 악습을 만들지는 않는 자이다.

옛날에는 봉록 외에는 아무것도 취하지 않는 이를 '청백리(淸白吏)'라 불렀다. 그러나 다산이 살던 시기에는 그런 관리를 찾기조차 어려웠다. 심지어 마지막 단계에 해당하는 관리조차 세상에서는 '청렴하다'고 칭송받고 있었다.

"도둑질만 하지 않아도 청렴이라 부른다면, 그 사회의 도덕은 이미 병든 것이다."

다산이 지향한 청렴은 남보다 조금 낫다는 수준에 머무는 것이 아니었다. 그는 언제나 자신을 청렴의 가장 높은 단계에 세우려 했고, 청렴을 추상적 구호가 아니라 일상에서 실천해야 할 원칙으로 삼았다. 실제로 곡산부사 시절, 부임 길에 들어오는 온갖 선물을 단호히 물리쳤고 고을 특산물에도 손대지 않았다. 임기를 마치고 돌아올 때는 사사로운 물건 하나조차 챙기지 않았다.

공직자의 덕은 말보다 절제에 있다. 정의는 외치는 구호가 아니라 삶 속에서 드러나야 한다. 청렴은 과시하는 것이 아니라 묵묵히 지켜내는 것이다. 다산은 청렴한 이가 때로는 '인색하다'거나 '은혜를 모른다'는 비난을 받는다는 사실을 잘 알고 있었다. 그러나 공직자에게 필요한 것은 인정이 아니라 무너지지 않는 기준과 꾸준한 절제였다. 청렴한 이는 고독할 수 있으나, 그 고요한 단호함이 시대의 윤리를 지탱한다.

"청렴한 자는 사람들에게 미움을 사기 쉽다. 그러나 스스로에게 엄격하고 남을 탓하지 않는다면 그것으로 충분하다."

청렴은 외로운 길이다. 다산은 그 길을 회피하지 않았다. 공직에 있는 동안 사람들의 시선을 의식하기보다 자기 자신에게 더 엄격했고, 고독 속에서도 흔들림 없는 기준을 붙들었다. 그렇게까지 자신을 단속한 까닭은 탐욕을 인간 본성의 치명적 결함으로 보았기 때문이다. 다산은 법보다 마음을 먼저 다스려야 한다고 거듭 강조했다.

다산이 지켜낸 청렴은 자기 수양의 도(道)이자, 공직자에게 주어진 명예이자 세상에 남길 수 있는 유산이다. 이 원칙은 조선시대 공직자에게만 국한되지 않는다. 오늘을 사는 우리에게도 여전히 유효한 질문이며, 정면으로 마주해야 할 거울이다. 21세기에도 '공정'이라는 말은 끊임없이 울려 퍼지지만, 탐욕은 여전히 일상 속에 배어 있다. 이름만 달라졌을 뿐, 청탁과 향응의 악습은 완전히 사라지지 않았다.

오늘, 다산은 우리에게 힘주어 말한다.

"공직자가 부패하면, 그 사회는 희망이 없다."

승승장구하는 와중에
문득 찾아온 깨달음

생애에서 가장 빛나는 시간

다산 정약용의 벼슬길은 스물여덟에 시작해 서른아홉에 끝났다. 고작 11년 남짓한 세월이었으나, 그 시기는 정조 재위(1776~1800) 기간 중 가장 빛나는 순간과 겹쳤다. 그는 임금 곁에서 누구보다 깊은 총애를 받았고, 큰 성취를 이루었다.

정조는 이미 오래전부터 다산의 번뜩이는 문장력과 깊은 사유를 주의 깊게 지켜보고 있었다. 대과 급제를 기다려온 임금은 합격 소식이 전해지자마자 주저 없이 그를 초계문신으로 발탁했다. 초계문신은 학문적 자질이 뛰어난 젊은 관료를 규장각에 두고, 임금이 직접 강론과 문답으로 단련시키는 특별한 제도였다. 단순한 학문 수련이 아니라 국정 전반을 논의하고 개혁의 전위를 맡는 자리였다.

다산은 그 중심에서 눈부신 활약을 펼쳤다. 새 법제의 초안을 작성하고 군사 제도 개혁안을 마련했으며, 지방 수령의 폐단을 바로

잡는 일에도 참여했다. 규장각에서 이어지는 경연과 강독 자리마다 그는 날카로운 식견과 깊은 해석으로 임금의 신임을 더욱 굳혔다.

어느 날 경연이 끝난 뒤, 정조가 그를 따로 불러 물었다.

"정승이라도 감히 손대기 어려운 일들인데, 그대는 두렵지 않은가?"

다산은 고개를 숙이며 답했다.

"두렵지 않다 할 수는 없사오나, 전하의 뜻을 받드는 일이 제 생애의 영광이옵니다."

정조는 한동안 그를 바라보다가 미소 지었다.

"그 마음, 오래 간직하라. 언젠가 그대의 날이 올 것이다."

감격스러운 마음에 다산은 더욱 고개를 숙였다. 임금의 신임이 주는 무게와 기대가 자신을 어디로 이끌지 알 수 없었지만, 그 순간만은 생애에서 가장 빛나는 시간이 되고 있었다.

젊은 관료의 눈부신 성취

1789년, 스물여덟 살의 다산은 숨 돌릴 틈 없이 바빴다. 3월에 초계문신으로 발탁된 데 이어 5월에는 정조의 특명으로 부사정(副司正)에 임명되었다. 무관직이라 하더라도 부사정은 단순한 군직이 아니라 군령과 법도를 점검하는 중요한 자리였다. 6월에는 승정원 가주서(承政院假注書)에 제수되었다. 임금의 구술을 한 치의 어긋남도 없이 글로 옮겨야 하는 막중한 직책으로, 정조가 그의 문장력과 정확성을 인정한 결과였다.

이 무렵 치러진 문신 시험에서 다산은 다섯 번 수석, 여덟 번 차석에 올랐다. 시험이 끝날 때마다 정조는 기특하다는 표정으로 그를 불러 옥필과 비단, 책, 때로는 친히 쓴 어필까지 내렸다. 다산은 궁궐 뜰을 나설 때마다 귀한 하사품을 한 아름씩 품에 안고 있었다.

그해 겨울, 한강 위에 배다리를 놓는 대공사가 시작되었다. 혹한 속에서 수백 척의 배를 연결하고 얼어붙는 물살과 맞서야 하는 험한 일이었다. 다산은 공사 규제를 직접 설계하고 현장을 감독했다. 차가운 강바람에 손이 얼어붙어도 자리를 지켰다. 마침내 배다리가 완성되었을 때, 강 위를 건너는 사람들의 발걸음은 가볍고 편안했다. 그 성공은 온전히 그의 이름으로 기록되었다.

능력은 부족하더라도 성심껏 임금의 뜻을 받들겠다고 다짐했던 젊은 관료의 각오는 한 해 동안 눈부신 성취를 이루어냈다. 정조의 눈빛에는 신뢰와 기대가 서려 있었고, 다산의 가슴에는 더 나은 세상에 대한 꿈이 차오르고 있었다. 그러나 찬란한 빛이 빛나는 자리에는 길고 깊은 그림자도 함께 드리워지고 있었다.

짧은 유배가 준 깊은 깨달음

1790년, 스물아홉의 다산은 한림학사로 추천받아 한림(翰林)에 이름을 올렸고, 이어 치른 한림 소시(翰林小試, 한림이 되는 최종 절차)에서 단일 후보로 선정되어 예문관 검열에 임명되었다. 예문관은 임금의 교서를 작성하고 국가 문서를 다루는 조선 최고의 문헌기관으로, 검열은 첫 관문이자 젊은 관료들이 가장 선망하는 자리였다. 요직으로 가는 관문인 초계문신과 한림학사를 모두 거머쥔 그는 누구보다 탄탄한 벼슬길의 기반을 마련한 듯 보였다.

그러나 거침없던 행보는 뜻밖의 장벽에 부딪혔다. 한림 추천 과정에 '사감(私感)'이 개입되었다는 반대파의 시비가 일자, 다산은 억울함을 호소하기보다 스스로 직을 사양했다. 정해진 출근일에도 조정에 나아가지 않았다. 그의 처신은 정조의 뜻에 어긋나 곧바로 충청도 해미현으로 유배 명령이 떨어졌다.

첫 번째 유배였다. 열흘 동안 다산은 충청 내포의 산천을 거닐고 온양 온천에 들러 오랜 피부병을 치료했다. 또 사도세자가 생전에 머물던 온양에 관한 이야기를 들으며 세자를 기리는 마음을 다졌다. 해미에서 보낸 시간은 길지 않았다. 불과 열흘 만에 유배가 풀려 그는 다시 궁궐로 돌아왔다. 비록 짧은 유배였지만, 그의 마음에 뚜렷한 흔적을 남겼다. 임금의 총애가 아무리 두텁다 해도 정치의 풍향은 한순간에 달라질 수 있다는 사실을 일깨워준 것이다.

그해 5월, 한림학사에서 사간원 정언으로 자리를 옮겨 왕에게 직언하는 언관직을 맡았고, 불과 몇 달 뒤인 10월에는 사헌부 지평으로 승진해 대관의 반열에 올랐다. 좌랑이나 정랑 같은 자리를 건너뛴 파격이었다. 궁궐 안에서는 "정조가 믿는 신하는 절차조차 뛰어넘게 한다"라는 말이 돌았다. 어느덧 다산은 개혁의 상징으로 떠올랐고, 반대파가 가장 먼저 견제하는 인물로 지목되고 있었다.

부정과 맞서다

다산이 사헌부 지평으로 있을 때 일이다. 하루는 훈련원 병사를 뽑는 무과 시험을 감찰하게 되었는데, 그 시절 무과 시험에는 오래된 병폐가 있었다. 시골 출신이면 아무리 실력이 뛰어나도 시험관은 일부러 난해한 문제를 던져 끝내 낙방시킨 반면, 서울 명문가 자제들은 형식적인 경전 해석인 '강(講)'만 치르고도 손쉽게 합격하며 과거를 독점했다.

다산은 이 병폐를 바로잡으려고 시험관들에게 거듭 건의했지만, 번번이 묵살당했다. 하루는 아전을 불러 상소문에 쓸 종이를 가져오게 하니, 시험관이 놀라 물었다.

"상소용 종이는 무엇에 쓰려고 합니까?"

다산이 담담히 대답했다.

"이 몸이 병든 몸이라 할지라도 나라에 보탬이 된다면 참고 견디겠습니다. 그러나 시험관이 사사로운 감정으로 일을 처리하는데 내가 감찰하고도 막지 못한다면, 이 자리에 앉아 무엇을 하겠습니까. 원통한 응시생들 마음조차 풀어주지 못한다면 차라리 사직하고 병이나 돌보는 것이 낫습니다."

그제야 시험관은 고개를 숙이며 말했다.

"지평 나리, 제가 잘못했습니다. 부디 너그러이 용서해주십시오."

정의가 무너진 18세기 조선, 과거제도는 타락을 거듭하며 인재 발탁을 가로막고 있었다. 다산은 이 한 모퉁이에서라도 그릇됨을 바로잡고자 했으나, 현실의 벽은 높고 완강했다. 그날 다산은 늦가을 하늘을 바라보며 정의는 거듭 꺾일지라도 자신의 뜻만은 굽히지 않으리라 다짐했다.

다산을 아낀 정조의 시험

다산의 벼슬길은 언제나 빛과 그림자가 함께했다. 그의 성실함과 번뜩이는 재능은 시간이 갈수록 정조를 놀라게 했다. 초계문신들과 함께 《논어》를 읽던 어느 날, 규장각 아전이 다산을 찾아와 소매 속에서 종이 한 장을 꺼내 보였다.

"이것이 내일 경연에서 전하와 함께 읽을 《논어》 부분입니다."

다산이 의아해하며 물었다.

"어찌 그것을 미리 알려준단 말이오?"

"전하께서 미리 알려주라 하신 일입니다."

다산은 고개를 저었다.

"그렇다 해도 《논어》 전체를 읽는 것이 마땅하다 생각하네."

다산은 종이를 펼쳐보지도 않은 채 아전을 돌려보냈다. 이튿날 경연에서 정조가 일부러 "정약용은 다른 장을 읽도록 하라"라고 하였다. 다산은 한 치의 머뭇거림도 없이 읽어 내려갔다. 정조는 흡족한 표정으로 웃으며 말했다.

"과연 전편(全篇)을 다 읽었구나."

그날 임금의 만족스러운 표정은 오래도록 잊히지 않았다.

군신 관계가 깊어질수록 임금의 총애는 더욱 커졌다. 그러나 다산의 마음 한쪽에는 고독이 자리했다. 칭송과 함께 모함과 비난이 뒤섞인 조정 한가운데서 그는 모든 것을 내려놓고 싶었다. 부귀와 명예가 가까워질수록 고향 집 근처 강가의 고요함이 더 그리웠다. 낚싯배 한 척을 띄우고 물결에 몸을 맡기며 은자의 길로 들어가고 싶은 마음이 점점 짙어졌다. 다산은 그 심정을 시로 남겼다.

시종신으로 남다른 은총을 듬뿍 받아

邇列深知寵渥偏

조복 입고 날마다 경연을 모셨네

朝袍日日侍經筵

《시경》에 대한 내 대답 임금의 평론을 받았고

天障已訂毛詩對

〈우공〉 편을 강론하여 임금의 큰 칭찬을 들었지

晝講新抽禹貢篇

스스로 북송의 양시처럼 도를 배웠다 믿었고

自信楊時終學道

사람들은 당나라 이필이 신선 얘기를 즐겼다고 말하네

人言李泌好談仙

갈매기야, 내 젊은 시절의 약속을 기억하겠지

白鷗應識初年約

이제 은빛 안장을 팔아 낚싯배를 사고 싶구나

欲取銀鞾買釣船

_〈경연에서 물러 나와 지은 시(講筵退有作)〉

이 시는 다산이 경연에서 활약하며 정조의 신임을 얻던 시기에 지은 작품이다. 그는 임금 앞에서 《시경》과 《상서》〈우공〉 편을 강론해 큰 칭찬을 받았으나 마음은 이미 궁궐 밖 강호의 고요로 향하고 있었다. 젊은 날 갈매기와 맺은 은일의 약속을 떠올리며 은빛 안장을 팔아 낚싯배를 사겠다는 소망을 드러낸다. 부귀와 영예 한가운데서도 은거와 절제를 갈망했던 다산의 내적 갈등이 이 짧은 구절 속에 담겨 있다.

경기 암행어사가 되어 특권층을 감찰하다

벼슬길에 오른 뒤 주로 규장각에서 학문에 전념하던 서른셋의 다산은 1794년 새로운 전환점을 맞았다. 그해 10월 흉년이 들자 정조는 경기 각 지역에 암행어사 열 명을 파견했다. 경기 암행어사에 선발된 다산은 경기 북부의 적성과 연천 등지로 암행을 나갔다. 보름 남짓한 기간 동안 그는 처음으로 지방 행정 현장과 민생의 참혹한 실상을 직접 마주했다. 이 경험은 훗날 다산이 국가 행정과 제도의 문제를 본격적으로 고민하는 계기가 되었다.

암행어사로서 다산은 삭녕군수 강명길과 연천의 전직 현감 김양직의 비리를 적발하였다. 두 사람은 백성을 착취하고 관청 재산을 사사로이 취한 혐의를 받았다. 강명길은 혜경궁 홍씨의 병환을 돌보던 태의였고, 김양직은 사도세자의 능을 수원으로 옮길 때 풍수를 맡았던 인물이었다. 두 사람 모두 왕실의 비호를 믿고 권세를 앞세워 백성들을 괴롭히고 있었다. 다산은 이들의 죄를 엄중히 고발했다. 당시 많은 이들은 특권층이 처벌받을 것이라고 기대하지 않았다. 그러나 그는 굴하지 않고 정조에게 상소했다.

"법 적용은 마땅히 임금의 가까운 신하로부터 시작해야 합니다."

임금의 측근이 법을 지키지 않는다면 다른 관료에게 법을 요구할 수도, 불법을 다스려 기강을 세울 수도 없다는 것이 그의 논리였다. 다산이 붙든 것은 민생과 국법이었다. 이 둘을 바로 세우지 않고서는 관리들의 탐욕과 부정을 막을 수 없다고 확신했다.

그의 태도는 다른 사건에서도 드러났다. 경기도관찰사 서용보의 집안사람이 마전의 향교 터를 서용보의 묏자리로 쓰려고 고을 선비들을 협박해 향교를 옮기게 한 일이 드러났다. 다산이 관련자를 체포해 처벌하자 서용보의 탐욕이 세상에 알려졌다. 이 사건은 훗날 재상에 오른 서용보가 끝내 다산을 괴롭히는 빌미가 되었다.

암행어사 임무를 마친 다산은 지방관들의 비리를 탄핵하는 데 그치지 않았다. 그가 목격한 현실은 곧 시로 기록되었고, 조정의 고관들을 향한 직접적인 고발장이 되었다. 이 무렵 그가 쓴 〈기민시(飢民詩)〉는 부패한 권력과 고통받는 백성의 모습을 간명하면서도 날카롭게 드러낸다.

엄숙하고 점잖은 조정의 고관들이여
肅肅廊廟賢
나라의 안위는 경제와 민생에 달려 있다네
經濟仗安危
이 나라 백성들은 도탄에 빠져 고통을 겪고 있는데
生靈在塗炭
그대들 아니면 그 누가 구제하랴 …
拯拔非公誰 …
고관의 집에는 술과 고기가 가득하고
朱門多酒肉
이름난 기생을 불러 풍악을 울리며
絲管邀名姬
태평세월을 만난 듯 흥청망청 즐기고 있으니
熙熙太平象

그것이 고관의 풍도라 할 수 있는가…

儼儼廊廟姿…

내게 비록 오매초 같은 약초가 있다 한들

雖有烏昧草

궁궐에 그것을 바쳐 무슨 소용이 있겠는가

不必獻丹墀

형제조차 서로를 사랑하지 않는데

兄長不相憐

부모라 한들 자애를 베풀겠는가

父母安施慈

　이 시는 권력을 향한 준엄한 고발이었다. 민생의 참상을 외면한 채 권세와 향락에만 몰두한 지배층을 정면으로 꾸짖은 정치적 성명서였다.

　다산은 시를 통해 권력자들에게 물었다.

　"백성이 굶주리는데 그대들은 무슨 낯으로 풍악을 즐기고 있단 말인가."

　오늘의 사회도 크게 다르지 않다. 권력을 쥔 자들이 민생의 고통을 외면하고 특권에 기대어 산다면, 다산이 던진 물음은 여전히 유효하다. 법과 제도가 누구에게나 공정하게 작동할 때만 사회는 제자리를 찾는다. 〈기민시〉의 외침은 지난 시대의 기록이 아니라 오늘 우리에게 건네는 경고문이다.

작은 자리에 충실하지 못하면
높은 자리를 감당할 수 없다

시련의 시작

1791년 신해년, 서른 살의 다산에게 첫 시련이 닥쳤다. 그해 5월 사간원 정언에 이어 10월 사헌부 지평에 오르며 임금의 신임은 절정에 달했다. 그러나 곧 예기치 못한 사건이 터졌다. 진산(금산)에 살던 외종형 윤지충(尹持忠, 1759~1791)이 모친의 장례를 천주교식으로 치르며 신주를 불태운 것이다. 이른바 '진산사건'이었다.

조선의 예법과 유교 질서를 정면으로 거스른 이 일은 조정과 유생 사회를 크게 뒤흔들었다. 종묘사직의 근본을 흔드는 대역죄로 윤지충은 참형에 처해졌다. 조선 최초의 천주교 순교 사건으로 기록된 이 일은 천주교 박해의 서막이었다.

진산사건은 시작에 불과했다. 4년 뒤인 1795년 5월 1일, 조선에 밀입국한 중국인 신부 주문모를 붙잡으려다 실패하자 조정은 발칵 뒤집혔다.

"누가 주문모 신부를 숨겨주었는가?"

의혹은 연기처럼 번져갔다. 노론 벽파는 눈엣가시 같던 남인 시파를 겨냥했고, 그 중심에는 세 사람이 있었다. 다산 정약용, 성호 이익의 종손 이가환, 다산의 매형 이승훈이었다. 진산사건 이후 이들은 표면적으로 천주교와 거리를 두었으나, 벽파는 아랑곳하지 않고 이들을 '삼흉(三凶)'으로 몰아붙였다. 비방과 유언비어가 끊이지 않았고, 정조의 책상 위에는 날마다 이들을 탄핵하는 상소가 쌓여갔다. "입이 여럿이면 쇠도 녹인다"라는 다산의 탄식처럼 연기처럼 피어난 의혹은 결국 여론의 무게가 되었다. 정조조차 그 흐름을 외면하기 어려웠다.

금정찰방으로 좌천되다

수많은 상소에도 정조는 끝내 다산을 비롯해 신뢰하는 신하들을 저버리지 않았다. 정조는 노론의 거센 공세를 달래는 한편, 아끼는 신하들을 보호할 길을 찾았다. 1795년 7월 25일, 정조는 이가환을 충주목사로, 이튿날 다산을 금정찰방으로 좌천시켰다.

정조의 이 같은 결정은 정치적 번민 끝에 내린 것이었다. 다산은 그 결정에 담긴 뜻을 읽었다. 한때 개혁의 선봉장이었던 자신이 이제는 정치적 균형을 위한 희생양이 되어야 한다는 현실에 마음이 씁쓸했다.

그날 정조는 낮고 단호한 목소리로 이렇게 일렀다.

"전 승지 정약용을 금정찰방으로 임명하니, 이 순간부터 살아서 다시 한강을 건널 방도를 스스로 도모하라."

금정찰방은 충청도 청양에 위치한 금정역(金井驛)을 맡아 역참과 도로망을 관리하는 종6품 관직으로, 오늘날로 치면 지방 역장에 해당한다. 얼마 전까지만 해도 도승지로서 임금 곁에서 국정을 논하던 그에게 이는 참담한 추락이었다.

좌천은 겉으로는 징계였으나 속뜻은 달랐다. 진산사건 이후 천주교 연루 의혹이 거세진 상황에서 노론의 압박을 잠재우려면 정조로서는 형식적이나마 문책이 필요했다. 이 조치는 신뢰하는 신하를 살리는 길이었다. 금정은 충청 내륙의 천주교 공동체와 맞닿은 곳이었다. 정조는 다산이 그곳에서 교인들의 실상을 살피고 교화함으로써 스스로 의심에서 벗어날 수 있으리라 기대했다.

명민한 다산이 그 뜻을 몰랐을 리 없었다. 그는 정조의 의중을 마음에 새기며 서울을 떠나기 전, 동작나루에서 시 한 수를 남겼다. 조정의 중심에서 물러나 시골 역참으로 향하는 길, 그의 마음은 쓸쓸하면서도 다짐에 차 있었다.

임금의 총애 받는 것만이 좋은 계책은 아니라네
金門待詔非長策

바닷가 외진 역참으로 좌천됨 또한 임금의 은혜라네
水驛投荒也聖恩

그 고을 사람들 천주교에 빠져 정신없다 하니
聞說西人迷不悟

이번 걸음, 회양 태수 급암의 자취를 따르는 셈이라네
此行還似出淮藩

_〈동작나루를 건너며 금정찰방 부임을 읊은 시

(有嚴旨出補金井道察訪 晚渡銅雀津作)〉

　　다산이 시에서 언급한 '급암(汲黯)'은 중국 전한 시대의 명신으로, 한 무제의 총애를 받았으나 중앙의 요직을 떠나 회양 태수로 부임해 백성을 교화하며 치적을 남긴 인물이다. 다산은 이 고사를 빗대어 자신의 상황을 단순한 좌천이나 추락으로 보지 않았다. 오히려 임금의 은혜로 여겼고, 비록 낮은 벼슬자리일망정 그곳에서도 큰 도를 실천하겠다는 각오를 굳게 다졌다.

금정역 구봉산을 향한 성찰

막상 금정역에 도착해보니 예상보다 더 적막하고 고요했다. 서류를 다룰 일도, 찾아오는 이도 드물었다. 누각에 올라 먼 산을 바라보는 것이 하루 일과의 전부였다. 시간은 나른하게, 그러나 묵직하게 흘러갔다.

　　　우스워라, 내 인생이여 머리 희기 전에
　　　自笑吾生鬢未斑
　　　험한 태행산 길을 수레 몰며 오르내렸네
　　　太行車轍苦間關
　　　천 권의 책을 독파하여 대궐 문턱을 넘었고
　　　破書千卷入金闕
　　　집 한 채를 사들여 청산에 남겼건만

買宅一區留碧山

이 몸과 그림자는 함께 바닷가로 쫓겨났고

形與影隣來海上

이름 뒤따라 비방이 온 세상에 가득 찼네

謗隨名至滿人間

비 오는 날 작은 누각 위에 베개 높이 누우니

小樓値雨成高臥

금정에서 말을 맡은 찰방 자리, 하루 종일 한가롭구나

似是馬曹終日閒

_〈우스워라 내 인생(自笑)〉

다산은 조용히 한숨을 내쉬었다. 금정역은 사방이 산으로 둘러싸여 있었다. 그중에서도 유독 눈에 걸린 산이 있었으니 구봉산(九峰山)이었다. 아홉 봉우리가 웅크린 짐승처럼 솟아올라 묵직하게 시야를 막아섰다. 매일 아침 저 산을 마주할 때마다 다산은 답답하고 울적한 심사를 억누르기 어려웠다. 그러던 어느 날, 그 감정을 시로 토해냈다.

겹겹산이 둘러싸 시름 얼굴 죄어드니	重巒匝匝逼愁顔
답답하기 언제나 옹기 속에 앉았는 듯	鬱鬱常如坐甕間
어찌하면 번쾌처럼 사나운 자 얻어서	安得猛如樊噲者
군홧발로 구봉산을 걷어차 엎어볼꼬	靴尖踢倒九峰山

_〈구봉산을 처음 보고 지은 절구〉

시를 지으며 분노를 쏟아냈으나, 마음이 가벼워지기는커녕 오히려 더 무거워졌다. 고독과 무력감, 잊힌 자의 허망함이 뒤섞인 나날 속에서 다산은 술을 찾았다가 명상으로 마음을 가라앉히기를 반복했다.

그러던 어느 날, 눈앞을 가로막던 구봉산이 문득 달리 보였다. 아무 말 없이 묵묵히 제자리를 지키는 그 모습은 어쩌면 운명을 담담히 받아들이는 자에게 건네는 침묵의 가르침 같았다.

'내가 아무 잘못도 없는 저 구봉산에 괜한 화풀이를 했구나….'

다산은 부끄러움을 느꼈다. 그리고 다시 시를 지었다. 이번에는 분노 대신 겸허와 깨달음을 담았다.

아침마다 맑은 기운에 얼굴이 활짝 피네	朝朝爽氣足怡顔
번화한 도시에 있는 것보다 낫고말고	勝在芬華市陌間
어찌하면 도연명처럼 담박함을 얻어서	安得澹如元亮者
태연히 구봉산을 바라보며 앉아볼꼬	悠然坐對九峯山
가슴 펴면 얼굴 펴지 못할 곳이 없거니	寬懷無處不開顔
넓은 바다 높은 하늘 이곳에도 있고말고	海闊天空亦此間
만물은 스스로 나고 스스로 존재하는데	萬物自生還自在
그 옛날 한림은 군산을 깎아버리려 했나	翰林何必剗君山

_〈구봉산에 사과하며 지은 절구 두수(遂更作二絶句 以謝九峯山云)〉

이 두 시편은 다산의 내면이 격정에서 평온으로, 분노에서 성찰로 이행하는 과정을 고스란히 보여준다. 금정찰방이라는 '좌천'

자리는 보잘것없었으나, 다산에게는 진정한 앉음[坐]과 돌아봄[省]의 자리가 되었다. 그는 이곳에서 마음을 다스리며 내면의 질서를 세워나갔다. 그 시간은 훗날 강진 유배지에서 꽃피울 사상의 뿌리로 남았다.

작은 자리의 무게

날이 저물 무렵, 다산은 관사로 돌아왔다. 그가 거처하던 관사는 '오죽헌(梧竹軒)'이라 불렸다. 마당 한쪽에 벽오동 한 그루와 고죽 몇 그루가 자라고 있어서 붙은 이름이었다. 다산이 좌천되어 내려오자 금정지역 선비들은 '큰 인물이 왔다'라며 영광으로 여겼고, 한양 사대부들은 '가련한 좌천'이라며 위로하는 편지를 보내왔다. 다산은 속으로 조용히 되뇌었다.

'축하도, 위로도 내 뜻과는 거리가 멀구나.'

그는 알고 있었다. 벼슬이 갑자기 오르면 쉽게 꺾이고, 총애가 지나치면 반드시 쇠락이 뒤따른다는 것을. 정3품 도승지에서 종6품 찰방으로 하루아침에 추락한다는 것은 누군가에게는 참담한 몰락이겠지만, 다산에게는 하늘이 내린 고요한 은총이었다.

'슬퍼할 것이 없다.'

겉으로는 초라한 자리였으나, 그는 그곳에서 조용히 자신을 성찰하고 다듬을 기회를 얻었다고 여겼다. 하루는 찰방직을 맡은 그곳에서 느낀 즐거움과 괴로움을 정리해 '오죽헌' 벽에 써 붙였다.

"찰방이 되어 보니 즐거움이 세 가지가 있다. 언제든 말을 타고 달릴 수 있고, 산천을 유람할 때 역마다 식량이 준비되어 있으며,

세금이나 송사 같은 번거로운 일이 없어 한가로우니 어찌 즐겁지 않겠는가."

그러나 그는 곧 생각을 돌이켰다. 즐거움에 젖어 안일함에 머무를 것이 아니라, 그 자리에 따르는 책임과 무게를 먼저 헤아려야 한다는 자각이었다.

"말이 병들면 찰방 탓이요, 역부들이 고달파 원망이 일면 역시 찰방 책임이다. 사람과 말이 힘들어하는 것을 보고도 막지 못하면 그것은 분명 나의 잘못이다. 한직이라 해서 즐거워할 일은 아니다."

작은 자리라 해서 책임이 가벼운 것은 아니었다. 다산은 찰방직 또한 백성을 위한 관직임을 잊지 않았다. 관직의 높낮이는 달라도 그 책임의 본질은 다르지 않다는 것이 그의 생각이었다.

중앙으로 복귀하다

1795년 12월 20일, 종6품 금정찰방으로 좌천되었던 다산은 불과 다섯 달 만에 다시 중앙으로 불려왔다. 금정 산골에서 그는 번민을 씻고 자신을 다잡으며, 벼슬의 높고 낮음에 흔들리지 않는 마음가짐을 익혔다. 작은 자리에도 책임이 있음을 뼈저리게 느낀 경험은 그의 삶을 다시 세우는 계기가 되었다.

한양으로 돌아온 그는 이듬해 12월 좌부승지로 승진한 뒤, 곡산부사와 형조참의를 역임했다. 정조 곁에서 책문을 다듬고 경연에 참여하며 국정을 논하는 일은 다산에게 값진 기회였다. 그럼에도 그는 그 자리를 단순한 영예로만 여긴 것은 아니었다. 궁궐로 돌아온 순간에도 다산의 내면에는 구봉산 아래 오죽헌에서 다짐했던 고요한 성찰이 여전히 남아 있었다. 높고 낮은 자리를 가리지 않는 그 태도는 곧 다가올 더 큰 시련을 견뎌낼 힘이 되었다.

변치 않는 의리는
사람을 살게 한다

달빛 속에 도착한 임금의 서책

그날 밤, 달빛이 유난히 밝았다. 마당을 거닐던 다산은 가슴 깊은 곳을 찌르는 듯한 예감에 걸음을 멈췄다. 그 순간, 적막을 깨는 소리가 들려왔다.

"거기 뉘시오?"

"규장각 아전입니다. 어서 문을 열어주십시오."

뜻밖의 방문이었다. 다산은 서둘러 문을 열었다. 아전의 품에 안긴 비단 보자기가 먼저 눈에 들어왔다.

"그 손에 든 것이 무엇이오?"

"전하께서 하사하신 책입니다."

보자기를 풀자 《한서선(漢書選)》이 모습을 드러냈다. 중국 후한 시대 반고(班固)가 지은 《한서》에서 중요한 대목만 가려 엮은 책이었다. 정조는 평소 고전을 직접 선별해 간행하고, 이를 아끼는 신하들에게 하사하곤 했다. 다산은 편찬에 관여한 적도 없는데, 그 밤중에 굳이 책을 보내신 것이다. 다산은 황망히 무릎을 꿇었다.

"나리, 전하께서 책과 함께 당부의 말씀을 전하셨습니다."

"이 책 말고도 전하신 말씀이 있다는 뜻인가?"

"예. '주자소를 옮기느라 벽이 아직 마르지 않았으니 조금 기다렸다가 들어와 예전처럼 교정도 보고 숙직도 하라' 하셨습니다. 그리고 '하사한 《한서선》 10권에 표제를 써서 5권은 궁궐로 다시 들이고, 나머지 5권은 자택에 남겨두라' 하셨습니다. 하교를 내리실 때 전하의 눈빛이… 나리를 향한 그리움이 담겨 있는 듯 보였습니다."

"정녕, 나를 그리워하신단 말인가?"

"외람되오나, 소신의 눈에는 분명 그렇게 보였습니다."

《한서선》을 받아 든 다산은 말없이 서 있었다. 반대파의 끊임없는 공격으로 사직 상소까지 쓰고 자리에서 물러난 상황이었지만, 임금의 신임이 그를 지탱하고 있었다. 그렇지 않았다면 그가 닦아 온 학문도, 함께한 사람도, 쌓아온 명예도 이미 사라졌을 것이다.

그때, 춘추전국시대 자객 예양(豫讓)의 말이 떠올랐다.

"선비는 자신을 알아주는 이를 위해 죽는다."

다산은 눈을 감고 책을 가슴에 품었다.

"전하께서 나를 잊지 않으셨구나. … 이 은혜를 무엇으로 갚을 수 있을까."

다산의 기억 속에 1년 전 일이 되살아났다. 1799년 겨울이었다. 서학 문제로 비방을 받아 2년간 곡산부사로 나가 있다가 돌아와 잠시 관직과 멀어져 있던 때였다. 정조 임금이 뜻밖의 전갈을 보내왔다. 송나라 육유(陸游)의 시를 베껴 올리라는 명이었고, 이어 주자(朱子)의 시, 그리고 정조 자신이 지은 〈독춘추시병서(讀春秋詩並序)〉를 옮겨 올리라는 명이 연이어 내려왔다. 정조는 그중 한 벌을 따로 간직하라며 특별히 배려했다.

당시 다산은 잠시 의문을 품었다.

"세상에 글씨 잘 쓰는 이가 많은데, 굳이 왜 내 글씨를 찾으실까?"

곰곰이 헤아려보니, 이는 벼슬에서 물러난 옛 신하를 잊지 않으려는 임금의 배려였다.

이번에도 사정은 같았다. 《한서선》의 표제를 쓰라는 명은 단순히 서예를 요청한 것이 아니었다. 그것은 다산을 잊지 않았다는 조용한 위로이자, 신뢰의 표시였다.

아전이 돌아간 뒤, 다산은 방에 홀로 앉았다. 《한서선》을 가만히 들여다보고 있자니 18년 전 정조와의 첫 만남이 떠올랐다.

스물두 살, 소과에 합격하다

어려서부터 수재로 불렸으나, 다산은 과거에 단번에 급제하지는 못했다. 소과인 생원·진사 시험에서도 몇 차례 낙방하며 좌절을 맛보았다. 풍산 홍씨와 혼인한 지도 벌써 7년, 스물두 살 젊은 가장은 부인을 대면하는 것조차 민망할 지경이었다.

"절에 들어가 공부하면… 이번에는 정말 합격할 수 있을까?"

다산은 둘째 형 약전과 함께 한양에 있는 봉은사에 들어갔다. 매서운 겨울바람이 문틈으로 스며들고, 마루 밑에서 찬기가 올라와도 아랑곳하지 않았다. 매일 책을 펼치고 새벽마다 붓을 들었다.

해가 바뀌자 부인 홍씨가 임신을 했다. 9월이면 아이를 품에 안게 될 터였다. 가장으로서의 책임감은 더욱 무거워졌다. 다산은 태어날 아이에게 부끄럽지 않은 아버지가 되기 위해 더욱 간절히 글을 읽고 또 읽었다.

1783년 4월 11일, 다산은 마침내 생원·진사 시험에 당당히 합격했다. 2월 초시에 이어 4월 회시에서도 이름을 올리며 그간의 노력이 헛되지 않았음을 증명했다. 생원·진사가 곧장 벼슬로 이어지는 것은 아니었지만, 대과에 응시할 최소한의 자격이자 관료의 세계에 들어선 첫 관문이었다.

가장으로서 막막함과 불안을 딛고 첫 관문을 통과한 그에게 하늘은 또 하나의 큰 복을 내렸다. 같은 해 9월 12일, 부인 홍씨가 건강한 아들을 낳은 것이다. 두 아이를 잃고 얻은 귀한 아들이었다. 이름은 학연. 첫아들의 울음소리는 봉은사의 혹독한 추위 속에서 다산이 가슴으로 품었던 기도와 염원이 응답받는 듯한 소리였다. 1783년 계묘년은 다산에게 인생의 결실이 한꺼번에 몰려온 해였다.

가을, 동생 다산에 이어 형 정약전이 소과에 최종 합격했다. 형제가 나란히 한 해에 합격하는 일은 보기 드문 경사였다. 부친 정재원은 아들들의 얼굴을 오래 바라보다가 잔잔한 미소를 지으며 말했다.

"이제야 우리 집안이 다시 일어서려나 보구나."

정약전은 식년시에서, 다산은 임시 과거인 증광시에서 합격했다. 증광시는 특별시험이라 해도 급제자는 식년시와 똑같은 자격과 대우를 받았다. 당시 다산이 치른 과거시험은 문효세자의 원자

책봉을 기념해 열린 증광시였다.

1782년 10월 13일, 정조와 후궁 의빈 성씨 사이에서 태어난 문효세자는 임금의 각별한 사랑을 받았다. 그러나 후궁의 소생이 왕세자가 되려면 원자로 책봉하는 절차를 거쳐야 했다. 정조는 아들에 대한 애정을 담아 책봉을 추진했고, 이를 기념해 증광시가 열렸다. 다산의 과거 급제는 학문적 역량을 증명하는 동시에 왕실과의 인연을 깊게 하는 계기가 되었다.

정조와의 첫 만남

소과 시험에 합격한 날, 다산은 창덕궁 선정전에서 정조를 처음 뵈었다. 단호하면서도 온화한 눈빛이 그를 맞았다. 알 수 없는 전율이 온몸을 타고 흘렀다.

풍운지회(風雲之會), 과연 영웅은 영웅을 알아보는 법이라 했던가. '구름이 용을 따르고, 바람이 호랑이를 따른다'는 《주역》 건괘의 문언에서 유래한 '풍운지회' 구절처럼, 성군과 현신은 하늘의 뜻에 따라 한 시대에 만나 교감을 했다. 다산에게 정조와의 만남은 군신의 인연을 넘어선 천상의 조화였다. 세월이 흘러도 그 인연은 흐려지지 않았다. 정조는 다산을 잊지 않았고, 다산 또한 매 순간 정조 임금을 마음에 품었다.

《한서선》에 남은 회환

임금의 깊은 애정이 담긴 《한서선》을 받은 그다음 날, 정조의 병세가 갑작스레 악화됐다. 궁 안팎은 순식간에 비탄과 긴장으로 뒤덮였다. 보름 뒤인 1800년 6월 28일, 다산은 하늘이 무너지는 듯한 충격 속에서 임금의 서거 소식을 들었다.

그날 밤 받은 《한서선》은 군신 간 마지막 인연이자 영원한 이별의 징표가 되었다. 다산은 책을 끌어안고 소리 죽여 울었다. 당장이라도 목숨을 끊어 지하에서 주상의 용안을 다시 뵙고 싶다는 간절함이 사무쳤다.

그날 이후 18년 만에 유배에서 풀려나 마재로 돌아온 다산은 가장 먼저 《한서선》을 찾았다. 혼과도 같던 책은 이미 대부분 흩어지고 없었다. 먼지 쌓인 책장 구석에서야 한 권이 간신히 모습을 드러냈다. 손끝에 전해지는 거친 종이의 감촉과 오래 묵은 종이 냄새가 코끝을 스쳤다. 오랜 세월 정성과 충심을 다했던 그 마음이 이제는 희미한 흔적으로만 남았다는 사실에 가슴이 미어졌다. 그는 책을 꺼내 들고, 그 자리에 가만히 앉아 한 장 한 장 넘겼다. 글자마다 정조의 목소리가 깃든 듯했다.

그 순간, 오래전 어느 봄날의 기억이 되살아났다. 정조가 어머니 혜경궁 홍씨께 책을 올리던 날, 혜경궁은 기뻐하며 세서례(洗書禮) 잔치를 베풀고 신하들에게도 주안을 내렸다. 다산은 그날, 주상의 친제에 화답 시를 올리며 임금의 기쁨에 함께했다.

효도를 다하고도 학문에 힘쓰시니	達孝而勤學
아, 옛날에도 이런 분이 있었던가!	猗歟古有歟
천승의 수레로 자전(어머니)을 봉양하시며	簾幃千乘養
만기의 정사 속에도 책을 가까이하시네	籤帶萬機餘

육십 평생에 이르러 천명을 아셨고	聖壽躋知命
자전께선 그 학문 열정을 기뻐하신다네	慈心悅課書
시골 글방처럼 술상을 풍성히 차리시니	盈盈村樣酒
구슬 같은 시구들이 맑게 이어지누나	奎什奏純如

_〈세서례에 기뻐하신 성상께 올린 시(奉和聖製洗書禮 方言謂之冊施時 識喜)〉

정조가 남긴 《한서선》 책 한 권에는 임금과 신하가 함께한 세월과 끝내 다하지 못한 마음이 담겨 있었다. 우리가 이 장면을 기억해야 하는 이유는 무엇일까. 덧없이 사라지는 권세와 영광이 아닌, 학문을 향한 군주의 깊은 뜻과 신하의 변치 않는 충정이야말로 시대의 고난을 관통하는 삶의 영원한 근거가 되기 때문이 아닐까.

비방 받는 인생,
이것이 내 운명인가

시기와 비방의 화살을 맞으며

다산은 뛰어난 경세가였을 뿐 아니라 지역 경제를 살리는 현실적 감각도 지녔다. 곡산부사로 있을 때 목화 농사가 흉작이라 면포 값이 치솟자, 그는 칙수전(勅需錢, 중국 사신을 접대하기 위해 비축해 둔 특별 경비)과 관봉전(官俸錢, 지방관의 봉급 경비) 2천 냥을 끌어다 전국의 면포를 사들여 서울에 납부했다. 이후 그 비용을 백성들에게 환수했는데, 실제로 거둔 돈은 고작 200냥에 불과했다. 폭등하던 면포값이 다산의 기지로 가격이 하락했기 때문이다. 송아지 한 마리 값을 건진 셈이라며 백성들이 기뻐했으니, 관청의 자금을 적절히 운용해 세금 압박으로부터 백성을 구제한 보기 드문 사례였다.

민생을 살피는 다산의 능력을 정조는 일찍이 눈여겨보았다. 1799년, 서른여덟의 나이에 다산은 동부승지와 형조참의에 제수되었다. 곡산부사, 황주 영위사, 황해도 암행어사 등을 거치며 보여준 치적이 높은 평가를 받은 결과였다. 그러나 임금의 신임이 깊어질수록 다산을 시기하는 무리의 반발이 점점 드세졌다.

그 무렵 사간원 대사간 신헌조가 상소를 올려 권철신과 다산의 형 정약전을 탄핵했다. 뒤이어 사헌부 대관 민명혁 또한 정약용이 이들과 연루되었음에도 벼슬을 하고 있다고 문제 삼았다. 탄핵 상소가 잇따르자 다산은 더 이상 조정에 설 수 없음을 직감했다. 1799년 6월 22일, 그는 마침내 관직을 영원히 떠나겠다는 사직 상소를 올렸다.

"삼가 생각하건대, 저는 애초에 벼슬에 나아가서는 안 되었는데, 관직에 몸담은 지가 벌써 오래되었습니다. 남의 미움이 쌓여 이제는 위태로운 지경에 이르렀습니다. 조정에서 벼슬한 11년 동안 단 하루도 마음 편한 적이 없었습니다. 이는 모두 제 잘못이며 스스로 자초한 일입니다. 감히 남을 탓하거나 합리화할 수는 없을 것입니다. 다만 제가 고통스럽게 여기는 것은, 저 같은 하잘것없는 사람을 전하께서 버리지 않고 사랑해주시며 갈고닦아 쓰임새 있는 인재가 되기를 바라셨는데, 저는 끝내 그 뜻을 저버리고 말았다는 사실입니다. 마치 토끼가 그물에 걸린 듯, 새가 덫에 걸린 듯, 부질없이 전하의 근심만 더하게 되었습니다."

상소의 끝은 "삼가 바라건대 전하께서는 제 직명을 거두시고, 이조에 명하여 사적에 실린 제 이름을 모두 삭제하게 하소서"라는 간청으로 맺어졌다. 정조는 곧바로 비답을 내려 "아무 잘못이 없으니 사직하지 말고 직무를 계속하라"라고 만류했으나, 다산은 상소를 올린 뒤 더 이상 조정에 나아가지 않았다. 결국 정조는 기다림을 거두고 7월 26일 자로 체직을 허용하였다. 이로써 다산은 조정에서 물러나 벼슬길과는 다시는 인연을 맺지 못하게 되었다.

정직한 이가 발 붙일 곳 어디인가

1799년(정조 23) 1월 18일(음력), 영의정 채제공이 세상을 떠나자 남인 시파의 세력은 급격히 쇠약해졌다. 벼슬길에서 물러난 채 실직자 신세가 된 다산은, 정치적 기반마저 흔들리면서 비방과 모함의 화살을 거듭 맞았다. 이 무렵 서얼 출신 조화진이란 자가 이가환과 정약용이 음험하게 천주교를 퍼뜨리며 음모를 꾸민다고 고변하는 일까지 벌어졌다.

살얼음판을 걷는 듯한 불안 속에서 정조마저 타계하자 조정의 기류는 순식간에 바뀌었다. 고향으로 돌아가려는 뜻을 이미 품고 있던 차에 임금의 서거는 그 결심을 더욱 굳히는 계기가 되었다. 더는 머물 힘도, 버틸 이유도 남아 있지 않았다. 이러한 심경은 그가 지은 〈옛 뜻(古意)〉이라는 시에 고스란히 드러나 있다.

한강수는 흘러 흘러 그치지 않고	洌水流不息
삼각산은 높고 높아 끝이 없구나	三角高無極
산천은 차라리 변할지언정	河山有遷變
못된 무리를 깨부술 날은 없네	朋淫破無日
한 사람이 중상모략을 꾸며내면	一夫作射工
뭇 입들이 서로 전하며 퍼뜨리고	衆喙遞傳驛
편벽된 말들이 세력을 얻으니	詖邪旣得志
정직한 이가 어디에 발 붙일 곳 있겠는가	正直安所宅

봉황은 본래 깃털이 약해	孤鸞羽毛弱
가시덤불을 이겨낼 힘이 없구나	未堪受枳棘
마지못해 돛단배를 타고서	聊乘一帆風
아득히 서울을 떠나리라	杳杳辭京國
방랑을 좋아해서가 아니요	放浪非敢慕
머문다 해도 이익 없음 잘 알기 때문이라	濡滯諒無益

이 시는 정조 사후 다산이 맞닥뜨린 정치적 몰락의 현실을 적나라하게 보여준다. 조정은 중상모략과 정파적 다툼이 판을 치는 곳으로 변했고, 정직하고 올바른 인물이 설 자리는 점점 좁아졌다. 다산은 스스로를 봉황에 빗대어, 뜻과 학문이 아무리 높아도 세속의 가시덤불 앞에서 무력해질 수 있음을 토로했다. 그러나 그의 퇴장은 패배의 고백이 아니라 새로운 결심의 발현이었다. "서울을 떠나리라"는 구절에는 권세를 좇기보다 물러남 속에서 길을 찾으려는 뜻이 담겨 있다. 그것은 방랑을 꿈꿔서가 아니라, 더 머무는 일이 무익하다는 냉정한 인식에서 비롯된 선택이었다.

이름 없는 사람이 되어 다시 시작한 글쓰기

1800년(정조 24) 4월 25일(음력), 다산은 서울 생활을 접고 고향 마재로 돌아왔다. 형제들과 함께 학문을 논하며 세상의 흐름을 멀리서 굽어보는 날들이 이어졌다. 겉으로는 평온해 보였지만, 속에는 상실감과 단념이 깊게 자리하고 있었다. 이 무렵, 그는 집에 '여유당(與猶堂)'이라는 당호를 붙였다. 노자《도덕경》에 나오는 두 구절에서 따온 이름이었다.

> 망설임이여, 겨울 냇물을 건너는 것이로다 　　與兮 若冬涉川
> 주저함이여, 사방의 이웃을 두려워함이로다 　　猶兮 若畏四鄰

겨울 냇물은 살을 에고 얼음은 금세 깨질 듯 아슬아슬하다. 함부로 발을 내디디면 곧장 물속으로 빠지고 말 터이니, 부득이한 일이 아니면 건너지 않는다. 사방의 이웃을 두려워한다는 말 또한 타인의 시선이 내 삶 가까이 있음을 자각하는 데서 비롯된다. 망설임과 주저함, 그 속에 신중함과 지혜가 깃들어 있다.

다산은 앞으로의 나날이 인고와 인내로 이어질 것을 이미 알고 있었다. 벼슬길은 닫혔고 이름은 세상에서 지워졌다. 이제 그가 붙들 수 있는 것은 기억과 글뿐이었다.

서른아홉 겨울, 여유당에 자리를 잡자마자 다산은 《문헌비고》를 펼쳐 들었다. 《문헌비고》는 영조 때 편찬된 방대한 국가 지식 총서로, 제도·문화·풍속·학문에 이르기까지 조선의 모든 제도를 집대성한 책이었다. 다산은 이 방대한 간행물을 하루도 거르지 않고 읽으며 오류를 짚고 내용을 바로잡았다.

무너진 삶 위에서 다시 시작한 이 작업은 곧 《문헌비고》의 잘못된 부분을 교정하고 보완한 《문헌비고간오(文獻備考刊誤)》로 남았다. 이름 그대로 '《문헌비고》를 점검하여 오류를 바로잡은 책'이다. 여유당이라는 이름처럼, 다산은 조급해하지 않고 한 글자 한 글자에 다시 시작하는 의지를 담아 글쓰기를 이어갔다.

《도덕경》에서 배운 신중함

낙향한 지 두 달 남짓, 정조의 갑작스러운 죽음은 다산의 삶을 뿌리째 흔들었다. 불안과 고독이 날마다 그를 찾아왔다. 조정에서 그를 끝까지 지켜주던 정조와 채제공, 두 버팀목이 사라진 세상이었다. 마흔을 목전에 둔 그는 날마다 그리움을 삼켰다. 그리움은 말이 되지 못한 채 가슴 깊은 곳에서 흘러나와 붓끝에 맺혔다. 무너진 세계에서 그를 다시 붙든 것은 오직 책과 글뿐이었다.

고향 강가의 나날은 겉으로는 평온해 보였으나 속으로는 끊임없는 파문이었다. 낮은 산과 잔잔한 물결이 둘러싼 풍경은 고요했지만, 그의 마음은 늘 경계 위에 있었다. 세상의 중심에서 밀려난 자리에서 다산은 다시 삶의 중심을 학문 속에서 찾아야 했다.

그는 스스로에게 물었다.

"하고 싶지 않지만 하지 않을 수 없는 일은 무엇인가. 하고 싶지만 남의 시선을 의식해 차마 하지 못하는 일은 또 무엇인가."

답은 분명했다. 부득이하다면 내키지 않아도 손을 대야 하고, 마음이 끌린다 해도 드러내지 말아야 한다면 기꺼이 물러설 줄 알아야 했다. 세상사란 곱씹어보면 굳이 하지 않아도 될 일이 더 많았다.

다산은 자신의 본성을 냉정하게 돌아보았다.

"나는 용기는 있으나 꾀가 부족하고, 선한 것을 좋아하지만 옳고 그름을 가릴 줄 모른다. 마음이 움직이면 곧장 행동으로 옮기고, 의심할 줄도 망설일 줄도 모르며, 두려움이라는 것도 알지 못한다."

돌격하듯 살았던 성정은 젊은 시절 내내 그를 흔들었다. 불쾌하면 참지 못했고, 기쁨이 앞서면 멈출 줄 몰랐다. 어린 날에는 세속을 제멋대로 떠돌았고, 장성한 뒤에는 과거시험에 매달려 한 치도 비켜서지 않았다. 서른이 넘어 과오를 뉘우쳤지만 마음에는 여전히 두려움이 없었다. 그는 누구보다 선을 사랑했으나 돌아온 것은 비방과 오해였다.

"비방 받는 인생, 이것이 나의 운명인가?"

그 물음에 망설임 없이 대답이 나왔다.

"아니다. 이 모든 것은 내 본성에서 비롯된 일이다. 어찌 감히 그것을 운명 탓이라 하겠는가."

그즈음 그의 손에 들려 있던 책이 노자 《도덕경》이었다.

"망설임이여, 주저함이여."

짧은 두 구절이 그의 가슴을 찔렀다. 지금껏 자신을 무너뜨린 것은 지나친 용기와 분별없는 선의였다. 뜻이 아무리 좋아도 지나치면 모자람만 못하다. 그날 이후 '여유(與猶)'라는 두 글자가 더욱 절실하게 다가왔다. 다산은 그 안에서 경계를 배웠고 신중함을 삶의 주제로 삼았다.

여유당, 스스로를 살피는 이름

하루는 의례에 관한 견해 차이를 논하려고 누군가에게 편지를 쓰려 했다. 예전 같았으면 곧장 붓을 들었겠지만, 이번에는 멈추었다. 곰곰이 헤아려보니 굳이 바로잡지 않아도 세상에 해가 될 일은 아니었다. 나서지 않아도 될 일이라면 하지 않는 것이 옳았다. 편지는 몇 줄 쓰다 접어 두고 말았다.

또 한번은 조정 대신들의 시비를 비판하는 글을 지어 임금께 올리려 했다. 그 일 역시 중도에서 멈추었다. 이미 마음속에는 '몰래' 하려는 두려움이 스며 있었고, 그 두려움이 바로 경계의 신호였다. 그 순간 그는 붓끝을 천천히 거두었다.

진귀한 골동품을 모아 재산을 불려볼까 하는 생각도 있었다. 하지만 그마저 접었다. 훗날 다시 벼슬에 오를 일이 있더라도 혹여 공금을 핑계로 사익을 꾀했다는 빌미가 될 수 있다면, 아예 애초에 그 길을 끊는 것이 옳았다. 그는 스스로에게 물었다.

"욕망이 일더라도 그것이 정말 피할 수 없는 일인가. 내키지 않으면서도 부득이하다면 해야겠지만, 답이 분명치 않다면 멈추는 것이 맞다. 남의 눈을 피해 하려는 마음이 있다면, 그것은 이미 옳지 않은 일이다."

다산은 이렇게 멈추고 접는 선택을 통해 자신을 단속했다. 욕망을 끊는 일이 단순한 금욕이 아니라, 더 큰 화를 미리 막는 지혜임을 알았다.

"만일 세상 사람들이 이처럼 자신을 제어할 수 있다면, 천하에 어지러운 일이 어찌 생기겠는가."

이 깨달음은 이미 7년 전, 서울에서 벼슬살이하던 시절부터 품어온 것이었다. 언젠가 이를 편액으로 써 당호로 삼으려 했으나, 그때는 실행하지 못했다. 마흔을 앞둔 해, 고향으로 돌아온 그는 마침내 자신이 거처하는 곳에 '여유(與猶)' 두 글자를 써 붙였다. '서두르지 않고, 함부로 나서지 않으며, 스스로를 살피는 마음'이 바로 그 이름의 뜻이었다. 그것은 고난의 끝에서 길어 올린, 다산 자신의 처방전이었다.

세상에 나설 수 없는
이름이 되어 보니

바람 앞의 촛불

정조의 발인이 끝난 지 두 달 남짓 지난 1801년 1월 11일, 나이 어린 순조를 대신해 수렴청정을 시작한 대비 정순왕후가 천주교 금지령을 내렸다. 겉으로는 신앙을 단속하는 조치였으나, 실상은 정조의 개혁 정치에 협력했던 남인 시파를 송두리째 뽑아내려는 칼날이었다.

그 무렵 정순왕후가 시행한 법 가운데서도 가장 서슬 퍼런 것이 오가작통법이었다. 다섯 집을 한 통으로 묶어 한 집에서 죄를 지으면 이웃 네 집까지 함께 멸하게 하는 법이었다. 그날부터 사람들은 친족도 이웃도, 심지어 부모와 자식까지도 의심하며 살아야 했다. 천주교의 '천' 자만 스쳐도 관아로 달려가 신고해야 목숨을 부지할 수 있는 살벌한 세상이 되었다.

살얼음 같은 정국이 이어지던 1월 19일, 운명을 뒤흔드는 사건이 일어났다. 다산의 셋째 형인 정약종이 보관하던 책 상자, 즉 책롱이 불심검문에 걸린 것이다. 그 안에는 수배 중이던 주문모 신부의 서신, 다산과 황사영의 편지, 정약종의 일기까지 모두 들어 있었다. 은밀히 감춰온 비밀이 한순간에 터져 나오며, 다산 일가를 향한 화약고가 폭발해 버렸다.

추국장의 어둠 속에서

그 무렵 고향 집에 머물던 다산은 이 소식을 듣자 곧바로 한양으로 향했다. 시골에서는 내막을 알 길이 없었고, 조정 상황을 직접 확인하고 싶었다. 그는 처자식을 남겨둔 채 홀로 길을 나섰다. 차가운 바람이 옷깃을 파고들었다.

조정은 이미 은밀히 내사에 들어갔다. 겉으로는 조사였지만, 잡아들일 대상은 처음부터 정해져 있었다. 체포 작전은 전광석화처럼 진행됐다. 2월 7일, 둘째 형 정약전이 붙잡혔다. 이튿날 새벽에는 사학(邪學, 천주교를 일컬음)의 괴수라 지목된 '삼흉(三凶)' 즉 다산과 이가환, 매형인 이승훈이 체포됐다. 3일 뒤인 2월 10일에 의금부 추국이 시작됐다. 다음 날에 권철신이, 그 뒤로 셋째 형 정약종까지 차례로 끌려갔다.

고문과 매질이 쉼 없이 이어지는 추국장은 그야말로 생지옥이었다. 살을 찢는 비명이 차디찬 벽을 타고 번져나갔다. 다산은 그곳에서 생애 처음으로 극한의 공포와 절망을 온몸으로 겪었다. 포승줄에 묶인 채 첫 심문을 받던 순간, 관리들은 유혹하듯 속삭였다.

"사학쟁이를 잡는 데 힘을 보태면 죽음을 면할 뿐 아니라, 임금을 위해 공을 세우는 일이 된다. 죽기는 매한가지라 생각 말고 모든 것을 말하라."

그 말을 듣는 순간 지난날의 기억이 번개처럼 스쳤다. 정조 임금과 함께한 날들, 받았던 은혜가 눈앞에 아른거렸다. 목숨이 경각에 달렸음을 직감한 다산은 단호히 대답했다.

"임금님의 한없는 은혜를 입어 오늘에 이르렀습니다. 사악한 뿌리를 뽑는 데 최선을 다하지 않을 수 없습니다. 털끝만큼도 숨김없이 모든 것을 말씀드려 임금님 은혜에 보답하고 집안의 원수도 갚을 것입니다."

그러나 매질과 심문은 멈추지 않았다.

"최창현과 황사영 외에 신부가 되어 사악한 천주학의 괴수가 된 자가 또 누구냐?"

질문이 채 끝나기도 전에 곤장이 날아들었다. 스물아홉, 서른…. 뼈가 부서지는 소리와 함께 다산은 의식을 잃고 차가운 바닥에 쓰러졌다.

이렇게 무너지는구나

추국이 길어질수록 상황은 예상 밖으로 흘러갔다. 다산을 옭아매려던 증거들은 하나둘 무너지고, 오히려 그에게 유리한 단서가 속속 드러났다. 결정적인 전환점은 정약종의 책롱 속에서 나왔다. 아이러니하게도 거기서 발견된 문서가 다산을 죽음의 수렁에서 건져낸 것이다.

문서에는 다산이 조카사위인 황사영에게 보낸 친필 편지가 끼어 있었는데, 그 편지 속 문장은 단호했다.

"재앙의 기색이 이미 눈앞에 이르렀는데도 이를 강요한다면, 내가 장차 손수 베겠다(禍色迫頭 慾邏爲此 吾將手刃)."

또 다른 편지에는 이렇게 적혀 있었다.

"정령의 말은 모두 공갈이니 겁낼 것 없다

(丁令之言 都是恐喝 不足動心)."

"정령이 이를 알면 반드시 큰일이 일어날 것이다

(丁令知之 則必生大事)."

정령(丁令)은 다산이 당상관을 지냈기에 붙은 호칭으로, 집안에서 영감이라 불릴 인물은 다산 외에 없었다. 이 문서들은 다산이 천주교를 거부하고 배척하는 태도를 지켜왔음을 증명하는 핵심 증거가 되었다. 죽음의 칼날이 목전에 드리운 순간, 다산을 옭아맬 문서가 오히려 구명의 방패가 되어 준 것이다. 결국 다산은 사형수의 운명에서 벗어나 유배형으로 감형되었다.

감형이 확정된 직후에도 비극은 멈추지 않았다. 2월 21일, 스승 권철신이 옥중에서 세상을 떠났다. 예전 주어사에서 유가 경전과 천주교 교리를 함께 강학하던 사이였기에 그의 죽음은 다산의 마음을 심하게 뒤흔들었다. 나흘 뒤인 2월 25일, 감옥에 갇힌 천주교도 전원에게 사형이 선고됐다. 삼흉의 한 사람으로 지목된 이가환마저 혹독한 고문 속에서 곡기를 끊고 스스로 목숨을 거두었다.

차갑고 어두운 추국장에서 무수한 거목이 연이어 쓰러져 가는 모습을 지켜봐야 했던 다산은 싸늘한 감옥의 기운을 들이마시며 생각했다.

'이렇게 무너지는구나. 나를 일으켜 세워준 이름이 이제는 세

상에 나설 수 없는 금기의 이름이 되어버렸구나.'

2월 26일, 이승훈·최필공·최창현·홍교만·홍낙민·정약종, 여섯 명이 서소문 밖에서 목이 잘렸다. 이른 봄날의 바람은 살을 베는 칼날이 되었다. 그들의 절규와 핏빛 소식은 먼 유배길을 가는 다산의 가슴을 얼어붙게 했다.

유배지로
떠나는 마음

가장 비통한 이별의 기록

간신히 목숨을 부지한 다산이 형 정약전과 함께 옥을 나선 것은 그다음 날인 2월 27일 새벽이었다. 두 사람은 각자의 유배지로 흩어져야 했다. 정약전은 전라도 신지도로, 다산은 경상도 장기현(포항)으로 향했다. 마흔 해 인생에서 가장 쓰라린 이별이었다. 유배 길에 전해 들은 셋째 형과 벗들의 처형 소식은 살아남았다는 안도보다 무거운 죄책감을 안겼다.

남대문을 나서 석우촌에 이를 때까지, 맏형 정약현을 비롯한 친지들이 다산과 정약전을 배웅했다. 다산은 이 길이 얼마나 길고 험하며 또 얼마나 외로울지 잘 알고 있었다.

석우촌에 이르자, 이별의 정회를 더는 감당하지 못하고 시 한 수를 읊었다. 훗날 '석우별(石隅別)'이라 불린 이 시는 다산이 남긴 가장 비통한 이별의 기록으로 전해진다.

쓸쓸하고 처량한 석우촌	蕭颯石隅村
앞길은 세 갈래로 나뉘었네	前作三叉岐
두 마리 말, 울며 장난치듯	二馬鳴相戲
갈 곳을 몰라 머뭇거리는 듯하네	似不知所之
한 마리는 남쪽으로	一馬且南征
또 한 마리는 동쪽으로 향하는구나	一馬將東馳
백발의 숙부들은 말없이 서 있고	諸父皓須髮
큰형님의 두 뺨엔 눈물이 흘러내리네	大兄涕交頤
젊은이라면 다시 만날 수도 있겠지만	壯者且相待
노인들의 일은 어찌 장담하랴	耆耋誰得知
잠깐만 조금만 하며 망설이다	斯須復斯須
해는 이미 서산에 기울었네	白日已西敧
가자꾸나, 이제는 돌아보지 말고	行矣勿復顧
억지로 다시 만날 기약을 남기노라	黽勉留前期

 망아지들조차 이별의 기운을 느꼈는지 슬피 울었고, 머리 희끗한 숙부들과 맏형은 눈물을 삼키다 끝내 말을 잇지 못했다. 젊은이라면 언젠가 다시 만날 기약이 있겠지만, 노인들의 작별은 곧 영결이었다. 다산의 예감은 틀리지 않았다. 숙부 정재운과 계부 정재진은 다산이 풀려나는 날을 보지 못했고, 조카 정학초마저 요절하여 석우촌에서의 이별은 마지막이 되고 말았다.

 한강을 건너던 순간, 곁에 남은 이는 아내와 어린 자식들뿐이었다. 물 위로 스치는 바람은 여전히 차가웠고, 배 안에는 숨 막히는 이별의 기운이 가득했다. 어린 아들이 애처롭게 아버지를 향해 손을 흔들자 다산의 눈시울이 붉어졌다.

사평촌의 이별
송파 일대 사평촌에 이르러 다산은 하룻밤을 묵었다. 그리고 이튿날, 마침내 이별의 순간이 찾아왔다. 아내와 자식들을 떠나보내며 그는 〈사평별(沙坪別)〉을 지었다.

샛별이 동쪽 하늘에 떠오르니	明星出東方
마부들은 서로를 부르며 분주하네	僕夫喧相呼
산바람은 가랑비를 흩날려	山風吹小雨
가지 말라며 머뭇거리게 하네	似欲相踟躕
머뭇거린들 무슨 소용 있으랴	踟躕復何益
이별은 피할 수 없는 운명인데	此別終難無
옷자락 떨치고 길을 나서니	拂衣前就道
아득히 들을 지나고 강을 건넌다	杳杳川原踰
얼굴빛이야 애써 태연한 척해보지만	顔色雖壯厲
마음이야 어찌 다르겠는가	中心寧獨殊
고개 들어 날아가는 새를 보니	仰天視征鳥
오르내리며 짝을 지어 날고 있네	頡頏飛與俱
어미 소는 음매 하며 송아지를 돌아보고	牛鳴顧其犢
암탉도 구구구 새끼를 부르는구나	鷄呴呼其雛

다산은 떠나기 전, 어린 자식들을 있는 힘껏 끌어안았다. 짧은 순간이었지만 가슴속에는 차마 입 밖으로 내지 못한 수많은 말이 뒤엉켜 맴돌았다.

부모님 묘에서 하직 인사를 하며

사평에서 가족들과 손을 흔들며 마지막 인사를 나눈 뒤, 다산은 경기도 죽산에서 하룻밤을 묵었다. 이튿날 가흥을 지나 3월 2일, 선영이 있는 충주 하담에 도착했다. 그곳에는 평생 가슴 깊이 그리워한 이들이 있었다. 어린 시절 세상을 떠난 어머니와 작고한 부친의 묘소였다.

다산은 부모님 묘소 앞에 앉아 오랫동안 움직이지 못했다. 유년 시절, 어머니 무덤가에서 혼자 울던 기억이 불현듯 되살아났다. 따뜻했던 손길, 외로움 속에서 속삭이던 어린 날의 기도가 어둠 속에서 다시 깨어났다. 그날 밤, 그는 고개를 떨군 채 오래도록 흐느꼈다.

차마 입으로 다하지 못한 사무침을 그는 시로 풀어냈다. 그렇게 지어진 시가 바로 〈하담별(荷潭別)〉이다. 그 시에는 형언할 수 없는 그리움과 어머니 품을 향한 절절한 애틋함이 고스란히 담겨 있다.

아버지여, 아시나이까 모르시나이까	父兮知不知
어머님은 아십니까, 모르십니까	母兮知不知
집안이 갑자기 무너지고	家門歘傾覆
죽느냐 사느냐, 이 지경이 되었나이다	死生今如斯

이 목숨 비록 부지는 했지만	殘喘雖得保
크게 쓰일 바람은 이미 꺾였습니다	大質嗟已虧
이 아들 낳으셨을 때 기뻐하시고	兒生父母悅
부지런히 붙잡아 기르셨지요	育鞠勤携持
하늘 같은 그 은혜를 꼭 갚으려 했건만	謂當報天顯
어찌 이리 버림당할 줄 생각이나 했겠습니까	豈意招芟夷
이 세상 사람들 거의가	幾令世間人
다시는 아들 낳았다 기뻐하지 않겠지요	不復賀生兒

이 시는 다산이 남긴 숱한 시편 가운데서도 가장 비통한 자기 고백이었다. 유배길에 오른 아들 둘, 참형을 당한 아들 하나, 사위와 손자까지. 집안 전체가 풍비박산 난 참혹함을 그는 돌아가신 부모 앞에 고해하듯 토로했다.

마흔 해 인생의 가장 험한 고개 앞에서 다산은 모든 것을 내려놓았다. 부모 묘 앞에 무릎 꿇은 그날 밤, 그는 생의 허망함을 온몸으로 받아들였다. 살아남았으되 살아 있다고 할 수 없는 삶, 끝이 보이지 않는 유배의 길이 눈앞에 놓여 있었다. 남한강 물소리가 어둠을 적시며 흘렀다. 세상 모든 슬픔을 짊어진 듯한 물길. 다산은 그 소리를 들으며 생각했다. 이 물길은 자신이 걸어가야 할 길이자, 언젠가 돌아올 길이기도 하리라.

다산은 천천히 물소리를 따라 걸음을 옮겼다. 문경새재를 넘을 때, 고개 너머로 지는 해가 붉게 물들었다. 마치 작별을 고하듯 기울어가는 빛이었다. 길은 멀었고 앞날은 아득했지만, 다산의 마음속에는 하나의 다짐이 다시금 되살아나고 있었다. 반드시 돌아오리라. 지금 남기는 이별의 시들은 그 결연한 약속의 증표였다.

2 …

．
멀리 두고 온 얼굴들이
자주 꿈속에 찾아왔다.
잊으려 해도 잊히지 않았고
외면하려 해도 마음이 먼저 흔들렸다.

글을 쓰고 책을 읽으며
스스로를 다잡았다.
한 줄 한 줄 써 내려가며
그리움은 천천히 인내로 바뀌었다.

벼슬은 잊었고, 세상은 멀어졌지만
마음 깊은 곳에는
언제든 돌아갈 자리를 품고 있었다.

다산은 고요히, 그러나 치열하게
학문 속에서 자신을 세워나갔다.
고통을 견디기 위해서가 아니라
고통받는 이들을 외면하지 않기 위해서였다.

삶의 본질에
다가가기

― 성찰의 힘

지켜야 할 것 중 가장 큰 것은
나 자신을 지키는 것

장기에서 깨달은 세상의 덧없음

장기에 도착한 뒤 며칠 동안, 다산은 깊은 회한에 잠겼다. 천 리 타향의 바닷바람은 낯설고 눈앞에 펼쳐진 현실은 믿기 어려웠다. 형제와 벗들이 당한 죽음과 참혹한 장면들이 악몽처럼 되살아났다.

어느덧 계절은 4월로 접어들어 꽃은 만발하고 들녘은 연둣빛으로 물들어갔으나, 가슴은 겨울 얼음장처럼 차가웠다. 몸을 누일 곳조차 없어 헤매던 차에 다행히 마산리 늙은 장교 성선봉(成善封) 집에 기거하게 되었다. 그곳에서 다산은 참담한 심정으로 자신을 꾸짖는 시를 지었다.

우스워라, 내 인생이여, 끝내 어리석은 몸이로세	自笑吾生到底癡
의(義)의 길도 인(仁)의 자리도 헤매다 찾지 못했네	迷茫義路與仁居
약관 시절 도를 좇아 방황했고	求道彷徨弱冠初

세상사 모두 알겠다는 헛된 뜻을 품고 　　　　妄要盡知天下事
책이란 책은 다 섭렵하리라 다짐했었지 　　　遂思窮覽域中書
태평성세에 괴로이 활 맞은 새가 되고 　　　　淸時苦作傷弓鳥
남은 목숨 끝내 그물에 걸린 고기가 되었네 　殘命仍成掛網魚
_〈자소(自笑)〉

다산은 떠오르는 기억을 붙잡았다. 다섯 해 전 늦봄, 감인소(監印所)에서 숙직하던 밤, 정조 임금이 춘당대에서 연회를 열어 자신을 불러 함께 술을 나누던 순간이 생생하게 되살아났다. 이제 그 임금은 세상에 없고, 그는 변방의 초라한 유배객이 되어 있었다. 흙바닥에 몸을 뉘고 바람을 맞으며 눈을 감으니 뜨거운 눈물이 옷깃을 적셨다.

흙 자리 대창문에 처량하게 홀로 누웠더니 　　土牀竹牖棲獨臥
곁에서는 괜히 내 신세 걱정하는구나 　　　　傍人錯謂愁轗軻
마음 아파 세상 꼴 차마 못 보겠고 　　　　　傷心不忍見時物
눈물만 하염없이 옷깃을 적시는구나 　　　　　簌簌襟前淸淚墮
_〈부용정가(芙蓉亭歌)〉

두 달쯤 지났을 무렵, 하인이 고향 소식을 전하는 편지를 가져왔다. 그러나 반가움은 잠시였다. 아내는 날마다 눈물로 지새운다 했고, 어린 자식들은 언제 다시 만날지 알 수 없었다. 편지는 닿았으되 마음은 더 괴로웠다. 유배의 고통은 자신만의 짐이 아니라,

온 가족이 함께 짊어져야 하는 고통이었다.

집 소식 들으면 좋을 줄 알았는데 　謂得家書好
만 가지 걱정만 새로 생기네 　　新愁又萬端
아내는 날마다 눈물로 지새우고 　拙妻長日淚
어린 자식은 언제나 다시 볼까 　　稚子幾時看

_〈집 하인이 돌아간 뒤(家僮歸)〉

　소박한 농부들의 타작, 바닷가 해녀들의 물질. 그 평범한 일상의 풍경조차 그리움으로 번져갔다. 고향 뒷산, 한강의 물결, 어린 시절의 안온함이 눈앞에 아른거렸다. 정조 임금 곁에서 함께했던 빛나던 시절은 이제 아득했다. 그 모든 화려함은 얼마나 허망한 것인가.
　그때 문득, 숙종 시대 문인 정지흡(丁志翕)이 세상의 무상을 노래한 시구가 마음에 스쳤다.

꽃 피자 바람 불고　　花開風以誤
달이 차면 구름 끼네　月圓雲以違

　임금의 은총도 봄꽃처럼 덧없고, 권세 또한 구름처럼 흩어졌다. 자신은 하늘 가득히 그물이 처져 있는지도 모르고 날개를 펴던 어리석은 새였다. 다산은 다시금 자신을 꾸짖었다.

취한 듯 깬 듯 반평생을 보냈더니	如醉如醒度半生
끝내 남은 건 이 몸의 이름뿐	到頭贏得此身名
온 땅이 진창인데 뒤늦게 갈기 흔들었고	泥沙滿地掉鬐晚
온 하늘이 그물인데 경솔하게 날개 폈구나	網罟彌天舒翼輕

_〈자소(自笑)〉

나는 나를 잃어버린 자로구나

장기에 온 지도 여러 날이 지난 어느 날, 다산은 자신의 인생을 반추하다 스스로에게 물었다.

"너는 무엇 때문에 이곳까지 흘러온 것인가. 여우나 도깨비에게 홀린 것이더냐, 아니면 바다의 신에게 불려 온 것이더냐? 너의 집과 아내, 고향의 벗들은 모두 초계에 있는데, 어찌 본래 자리로 돌아가지 못하느냐?"

그제야 그는 깨달았다. 세상에서 가장 지키기 어려운 것은 다름 아닌 '나 자신'이라는 사실을. 지금 그는 '나'를 잃은 채 이 먼 바닷가까지 떠밀려 온 것이다.

그 순간, 고향에 있는 맏형이 떠올랐다. 집안이 풍비박산 날 때 정약현은 산처럼 의연히 집안을 지켰다. 동생들과 달리 천주교 신앙을 받아들이지 않았던 정약현은 무너지는 집안을 홀로 떠받쳐야 했다. 맏이 정약현과 다산 삼 형제는 배다른 형제였으나 누구보다 끈끈했다. 아홉 해 전 부친이 세상을 뜨자, 정약현은 자신의 거처에 '수오재(守吾齋)'라는 이름을 붙였다. '나를 지킨다'는 뜻을 담은 이름이었다. 그 이름을 들은 다산은 고개를 갸웃했다.

"나 자신을 지킨다니요? 세상에서 벗어나려야 벗어날 수 없는 게 자기 자신인데, 굳이 지킨다 하지 않은들 어디로 가겠습니까?"

그 무렵 다산에게 '나를 지킨다'라는 말은 소극적인 인생으로 보였다. 한세상 장부로 태어나 뜻을 세우고 펼쳐야지, 형처럼 조용히 자신을 지키며 살아가는 인생은 부족해 보였다.

"나는 형님처럼 소박한 시골 선비로 살지 않을 것이다."

자신을 버릴지언정 임금과 백성을 위해 힘을 다하고, 세상을 바꾸는 일이 곧 자신의 길이라 믿었다.

속절없이 나이 마흔에 머나먼 장기에서 초라한 유배객 신세가 된 다산은 그때 처음으로 깊은 깨달음을 얻었다. 벼랑 끝에 서면 지켜야 할 것은 '신념'이 아니라 '나 자신'이라는 사실을. 그제야 '수오재'라는 이름이 단정한 울타리처럼 마음에 와닿기 시작했다.

"멍청하게도 이제야 알겠구나. 지켜야 할 것은 이름도, 지위도 아닌 나 자신뿐이었다. 밭과 집, 나무와 책, 옷과 곡식은 잃어도 다시 얻을 수 있다. 그러나 나 자신을 잃으면 다시는 되찾을 길이 없다."

아득한 대숲의 바람과 거센 파도 소리 속에서, 다산은 자신의 발자취를 돌아보았다. 둘째 형 정약전도 자신처럼 신념을 좇다 자신을 지켜내지 못했고, 맏형 정약현만이 조용히 '수오재'에 앉아 있었다. 그것은 세상의 옳고 그름을 따지는 길이 아니라, 세상과 자기 사이의 경계를 끝내 지켜낸 모습이었다.

그때 다산은 《맹자》의 한 구절을 떠올렸다.

"세상에서 지켜야 할 것 중 가장 큰 것은 무엇인가? 바로 자신의 몸을 지키는 것이 가장 크다(孟子曰 守孰爲大 守身爲大)."

그제야 그는 가장 소중하면서도 가장 쉽게 무너지는 것이 다름 아닌 '나 자신'이라는 사실을 알게 되었다. 신념을 좇아 달리던 그는 어느새 자신을 잃어버린 자가 되어 있었다.

"나는 나를 잘못 간직하다가, 나를 잃어버린 자로구나."

그 순간, 깊은 적막을 가르며 인기척 하나가 문밖을 스쳤다. 바람 한 올 스친 듯 희미한 기운이 전해지자, 가슴 깊은 곳에서 불안이 번져갔다. 이내 운명을 흔드는 한 줄 소식이 도착했다. 한양으로 다시 송환하라는 명이었다.

무지개를 쫓아 달려가도
멀어져만 가고

다산을 겨눈 정적들의 칼날

1801년 10월 3일, 신유박해의 참상을 알리고 교황과 중국 황제에게 구원을 청하려던 황사영이 제천에서 붙잡혀 의금부로 압송되었다. 그의 밀서가 공개되자 조정은 또다시 술렁거렸다. 이때를 틈타 노론 벽파와 손잡은 남인 벽파(천주교를 공격한 세력) 홍희운과 이기경이 상소를 올려, 황사영의 처숙인 정약전과 정약용을 다시 국문하자고 청했다. 이번에는 기어이 죽음으로 몰아넣으려는 의도가 노골적이었다.

그 소식은 곧장 유배지 장기에 닿았다. 흐트러진 마음을 다잡고 학문에 몰두하던 다산은 다시 죽음의 문턱에 서 있음을 직감했다. 예감대로 10월 20일, 금부도사에 의해 서울로 압송되었다. 신지도에서 귀양살이하던 둘째 형 정약전도 함께 잡혀 왔다. 한 차례 국문만으로도 온몸이 부서지기 마련인데, 다산은 그해 봄에 이어 가을에도 옥에 갇혀 생사를 넘나드는 심문을 견뎌야 했다.

다산은 오래전부터 자신을 겨냥한 정적들의 공격이 멈추지 않았음을 알고 있었다. 그중에서도 가장 집요한 인물은 홍희운. 본래 이름은 홍낙안이었다. 남인 벽파의 선봉장이던 그를 다산은 일찍부터 경계해왔다. 훗날 다산이 쓴 〈자찬묘지명〉에 남긴 단 한 줄은 그 기억을 응축한다.

"홍희운이란, 홍낙안이 이름을 바꾼 것이다."

단 한 줄이었으나, 해묵은 원한이 배어 있었다.

그 무렵 벗 윤영희가 다산의 안위를 염려해 대사간 박장설의 집을 찾았다. 그날 하필 홍희운이 들이닥쳐 불같이 화를 내며 소리쳤다.

"천 명을 죽이더라도 정약용 하나는 반드시 죽여야 하오! 공은 어찌 간쟁하지 않소?"

옆방으로 피신한 윤영희는 숨을 죽인 채 떨리는 손으로 자신의 입을 틀어막았다. 홍희운이 떠난 뒤, 박장설은 한참 침묵하다가 무겁게 한마디했다.

"살릴 이를 굳이 죽이자고 우기며, 나더러 간쟁하지 않는다 꾸짖으니 기가 막힐 노릇이오."

이 무렵 차디찬 감옥에 쓰러져 있던 다산을 막후에서 일으켜 세운 이는 다름 아닌 황해도 관찰사 정일환이었다. 그는 곡산부사로 있던 시절, 다산이 곡산 백성들에게 베풀었던 선정을 거론하며 "이 사람만은 죽여서는 안 된다"라고 강하게 주장했다. 그 호소는 단순한 개인의 의리가 아니라, 혼란스러운 조정을 더 이상 흔들어서는 안 된다는 절박한 경계심이었다.

그의 목소리는 곧 영의정 심환지에게 전해졌고, 심환지는 마침내 대비에게 그 뜻을 아뢰었다. 대비가 무고함을 인정하며 석방을 명했으나, 평안으로 이어지지는 않았다. 죽음의 문턱을 넘어선 이들에게 남은 것은 지워지지 않는 낙인이었으며, 그 낙인은 이후의 삶 전체를 오래도록 붙잡고 놓아주지 않았다.

호남에 천주교 신자가 많다는 이유로 다산의 유배지는 장기에서 강진으로 바뀌었고, 정약전은 신지도에서 바다 멀리 흑산도로 가야 했다. 함께 잡혀 온 나머지 벗들 역시 각지의 외딴 고을로 흩어졌다. 다시는 옛날로 돌아갈 수 없었다. 신유박해의 격랑은 그렇게 형제와 벗들을 갈라놓으며, 다산에게 지울 수 없는 깊은 상흔을 새겼다.

두 형제의 영원한 이별

두 번째로 체포되어 다시 의금부로 압송되던 날, 다산에게 단 한 가지 위안은 여덟 달 만에 형 정약전을 다시 만난 일이었다. 젊은 시절, 세상을 바꾸겠다고 뜻을 모았던 두 사람은 기구하게도 감옥에서 재회했다. 그러나 그 만남은 오래가지 못했다. 곧 다시 서울을 떠나 각자의 유배지로 흩어져야 했기 때문이다. 마지막 순간, 형제는 말없이 서로의 눈빛을 바라보았다. 이미 모든 것을 알고 있었기에 더는 말이 필요하지 않았다.

지난번 한양에서 경상도 장기로 향하는 유배길은 한강진을 건너

사평을 지나 동남쪽으로 이어졌지만, 전라도 강진으로 가는 유배길은 동작나루를 지나 과천으로 향했다. 흑산도로 가는 형과 강진으로 가는 아우, 두 형제는 이별이라는 운명을 피해 갈 수 없었다.

1801년 음력 11월 21일, 두 형제는 전라도 나주읍 북쪽 5리 지점, 밤남정 곧 율정리에 이르렀다. 이곳은 강진과 목포로 갈라지는 삼거리의 큰 주막촌이었다. 겨울 저녁 바람은 스산했고, 주막 앞 은행나무에는 노란 잎이 다 떨어져 있었다. 그날 밤, 형제는 주막에 몸을 의탁해 마지막 밤을 함께 보냈다. 긴말은 없었지만, 가슴 깊은 곳에서 차오르는 슬픔이 서로의 숨결 속에 고였다.

다산은 이별의 통한을 견디다 못해 시를 지었다. 그것이 바로 〈율정별(栗亭別)〉이다. 짧은 시구에 담긴 눈물과 회한은, 그 밤의 이별을 오늘까지 전해주는 유일한 기록으로 남았다.

초가 주막 새벽 등불 깜박이며 꺼져가는데	茅店曉燈靑欲滅
일어나 샛별 보니 이별할 일 참담해라	起視明星慘將別
서로 눈을 마주할 뿐 둘이 다 할 말 잃어	脉脉嘿嘿兩無言
목청 가다듬으려니 끝내 오열 터지네	强欲轉喉成嗚咽
흑산도 머나먼 곳, 바다와 하늘뿐인데	黑山超超海連空
그대는 어찌하여 그곳으로 가게 되었는가	君胡爲乎入此中
고래는 이빨이 산처럼 크고	鯨鯢齒如山
큰 배를 삼켰다 토해내기도 한다네	呑舟還復噀
지네는 쥐엄나무만큼 크고	蜈蚣之大如皁莢
독사는 다래 덩굴처럼 엉겨 있다네	蝮蛇之斜如藤蔓

내가 장기에 있을 적엔	憶我在鬐邑
밤낮으로 강진만 바라보며	日夜望康津
깃을 활짝 펴고 푸른 바다 건너	思張六翮截青海
바다 한가운데서 형님을 보고자 했다네	于水中央見伊人
지금 나는 높디높은 교목에 올라 있으나	今我高遷就喬木
진주는 빠지고 빈 껍데기만 산 꼴이요	如脫明珠買空櫝
또 마치 어리석은 아이가	又如癡獃兒
헛되이 무지개를 잡으려 하듯	妄欲捉虹蜺
서쪽 언덕 활쏘기만 한 거리에서	西陂一弓地
아침 무지개를 분명히 보았건만	分明見朝隮
아이가 달려가자 무지개는 더욱 멀어지고	兒來逐虹虹益遠
서쪽 언덕을 쫓아가도 끝내	又在西陂西復西
또 다시 서쪽으로만 이어진다네	

〈율정별〉은 술 한잔 기울일 여유도 없는 새벽을 담았다. 등불이 꺼져가는 순간, 형제는 눈빛으로 모든 말을 대신했다. 말은 더이상 필요하지 않았다. 이미 서로의 마음은 다 전해졌고, 붙잡을 수도 없었다.

다산은 율정에서의 이별이 긴 영결이 되리라고는 짐작하지 못했다. 그러나 그 작별은 끝내 형제를 지상에서 갈라놓았다. 손암 정약전은 흑산도에 유배된 지 16년 만인 1816년, 풀려나지 못한 채 병으로 눈을 감았다. 그토록 그리던 아우를 끝내 다시 만나지 못한 채였다.

율정에서 지어진 그 시는 다산이 형에게 바친 만가(挽歌)가 되었다. 이별은 시가 되었고, 시는 다시 그리움으로 남아 세월을 건너 지금까지 전해지고 있다.

벼락은 나무를 가리지 않고,
재앙은 선악을 가리지 않는다

천지는 돌고 도는 것

1801년 음력 11월, 사방이 얼어붙은 겨울날, 강진으로 향하는 길은 이미 눈보라로 뒤덮여 있었다. 먼지처럼 날리는 눈발 속에 바람은 칼날처럼 매서웠고, 해풍은 뼈를 저미듯 스며들었다. 남루한 옷 때문인지, 다산은 일찍이 경험하지 못한 한기를 느꼈다.

강진 땅에 무거운 첫발을 내디뎠다. 한번 들어서면 다시는 되돌릴 수 없는 길, 운명의 깊은 어둠 속에서 다산은 하늘이 무너지는 듯한 절망감을 느꼈다.

그러나 유배지의 시간은 뜻밖의 방식으로 그를 바꾸기 시작했다. 처음에는 억울함과 분노, 허탈감이 뒤엉켜 마음을 짓눌렀다. 하지만 시간이 흐를수록, 수많은 밤을 되새김질할수록, 그의 내면에는 변화의 바람이 일었다. 마음은 점차 고요하고 깊어졌으며, 세상을 바라보는 눈은 이전보다 깊고 넓어졌다.

"모든 재앙을 겪고 난 뒤에야, 비로소 세상이 돌아가는 이치를 수긍하게 된다."

어느 날, 그는 젊은 시절 지어 놓았던 시문을 꺼내 보았다. 규장각과 홍문관에서 근무하던 때, 세도가들의 중심에서 권력을 손에 쥐고 분주히 살아가던 시절이었다. 겉으로는 화려하고 성공한 나날 같았지만, 다시 읽어본 그 시절의 시에는 어딘가 응어리지고 애잔한 정조가 배어 있었다. 권력의 한복판에 있으면서도 그의 마음속에는 풀리지 않는 매듭이 늘 도사리고 있었던 것이다.

첫 유배지였던 경상도 장기에서 지은 시들은 더했다. 마흔을 갓 넘긴 나이에 천주교 연루 혐의로 내몰린 그 시절의 시편들은 절절했고, 절망과 울분이 짙게 깔려 있었다. 삶의 터전이 무너지고 세상으로부터 버림받았다는 고통 때문인지 시구마다 목이 메었고, 붓끝에서 흘러나온 것은 슬픔이었다.

그러나 강진에서 지은 시들은 사뭇 달랐다. 격한 감정은 엷어지고, 정서가 한층 너그러워졌다. 시어는 담백해졌으며, 그의 내면은 어느새 삶의 안과 밖을 오가며 깊은 사색에 잠겨 있었다. 그 변화는 시편마다 고스란히 나타났다. 한 편 한 편 써 내려가며, 그는 문득 이런 생각에 잠겼다.

"눈앞에 재앙이 닥쳤을 때는 그런 기상을 가질 수 없지만, 모든 재앙을 다 겪고 나면 그 어떤 어려움도 두렵지 않게 되는구나."

그것은 체념이나 포기가 아니었다. 한 사람이 모든 것을 잃고 난 뒤에야 비로소 얻는 통찰이자, 세상과 자기 삶을 있는 그대로 받아들이는 맑고 단단한 수용이었다. 이 깨달음을 가슴 깊이 새긴 그는 1802년 무렵, 한 편의 시를 지었다. 제목은 〈벽력행(霹靂行)〉, 곧 '벼락이 내리치는 노래'였다.

천문을 기록하는 태사는 천도를 의심하고	太史疑天道
주역은 길흉화복이 있는 양 말하지만	易詞信慶殃
한 고을에 내리는 단비가	甘雨降一縣
어느 한 싹에만 은혜를 주겠느냐	何苗獨致祥
벼락이 산의 나무를 친다 해도	霹靂擊山木
무슨 뜻이 있어 그런 것이겠느냐	豈其有商量
그저 힘써 착한 일을 행해야지	黽勉且爲善
천지는 원래 돌고 도는 거니까	天地本久長

이 시에서 다산은 말한다. 세상에 닥쳐오는 재앙과 복락은 사람의 선악이나 공덕만으로는 헤아릴 수 없다. 하늘은 그저 비를 내릴 뿐, 어느 한 작물만을 골라 적시지 않으며 벼락도 나무를 가려 치지 않는다. 그렇더라도 사람은 마땅히 선(善)을 행해야 한다. 그것만이 인간이 취할 수 있는 마지막 길이며, 스스로를 지켜내는 한 점 품격이기 때문이다.

"민면차위선(黽勉且爲善) ― 힘써 착한 일을 행하라."

이 말은 세상을 바꾸겠다는 포부가 아니라, 자신을 지켜내겠다는 결기였다. 그리고 스무 해 뒤, 다산은 아들들에게 이렇게 말했다.

"나는 이미 재앙이란 재앙은 다 겪었노라. 이제는 그 어떤 재앙도 더 이상 두렵지 않다."

말은 조용했지만, 그 속엔 깊고 단단한 무게가 실려 있었다. 그것은 벼락을 맞고도 뿌리를 지켜낸 나무의 근기(根氣)였고, 벼락이 스쳐 간 자리에서도 꿋꿋이 살아남은 한 사람의 정신이었다. 벼락은 나무를 가리지 않는다. 재앙은 사람의 선악을 따지지 않는다. 그러나 다산은 그 불가해한 세상 속에서도 끝내 자신을 잃지 않는 길을 택했다. 벼락을 피할 수 없다면, 벼락 속에서도 쓰러지지 않는 나무가 되기로 한 것이다. 그것이 그의 선택이었다. 그 결기는 모든 것을 잃고 난 뒤에야 도달한 깊고 고요한 긍정이었다.

실천하는 지식인

〈벽력행〉을 쓴 뒤로 다산은 이전과는 다른 사람이 되었다. 강진에서 보낸 시간은 세상과 단절된 것이 아니었다. 처음 유배되었을 때는 모든 것을 잃었다는 절망과 상실로 가득했지만, 깊은 어둠을 헤치며 그는 차츰 마음을 다스려갔다. 분노와 울분은 서서히 흩어지고, 오히려 넉넉한 품과 단단한 성찰이 그 자리를 대신했다. 긴 고독 속에서 다산은 마침내 알게 되었다. 권력은 벼슬과 자리를 빼앗을 수 있을 뿐, 사유와 통찰까지는 결코 가둘 수 없다는 것을. 그것이야말로 그가 강진에서 얻은 가장 큰 수확이자 자유였다.

절망의 끝자락에서 만난 고요는 다산을 한층 활달하고 맑은 사람으로 바꾸어놓았다. 그는 더 이상 책상 앞에서 글만 읽는 유학자가 아니었다. 들판을 거닐고, 장터 풍경을 살피며, 백성들의 삶을 가까이에서 지켜보는 실천적 지식인이 되었다. 논밭에서 흘린 농부의 땀방울, 아이를 묻고 돌아오는 어미의 슬픔, 수령의 횡포

앞에 고개를 떨구는 아비의 탄식…. 그 모든 장면을 자신의 가슴 속에 담아두었다.

이 변화의 궤적은 중국 당나라 시인 두보(杜甫)를 떠올리게 한다. 두보 역시 청운의 뜻을 품고 수도 장안(長安)으로 상경했지만, 간신 이임보(李林甫)의 농간으로 과거시험에 실패하고 십여 년을 궁핍하게 떠돌았다. 방황 속에서 어느덧 그는 세상의 고통을 온몸으로 느끼는 시인이 되었고, 그의 시는 개인의 정서를 넘어 백성의 절망과 시대의 모순을 껴안는 그릇이 되었다.

다산의 변화 또한 그러했다. 벼슬을 잃고 유배 생활을 하면서 그는 절망에 머물지 않았다. 오히려 민중의 삶에 가까이 다가가 그들의 고단한 현실을 목도하며 학문의 참된 길을 찾았다. 그 깨달음은 그가 남긴 사상과 저술을 꿰뚫는 뼈대가 되어 다산의 삶을 새로운 차원으로 이끌어갔다. 한양에서 그는 책과 문답 속에서 제도를 논했지만, 강진에서는 눈앞의 현실 속에서 제도의 병폐를 보았다. 삼정(三政)의 문란, 탐관오리의 횡포, 형벌 남용, 생계를 위협하는 세금, 왜곡된 토지 제도…. 사람을 살려야 할 법이 오히려 사람을 옭아매고 있었고, 제도를 지켜야 할 자들이 제도를 병들게 하고 있었다.

"털끝만 한 일조차 병폐가 아닌 것이 없으니, 지금 고치지 않으면 반드시 나라를 망하게 한 뒤에야 멈출 것이다. 이것이 어찌 팔짱 끼고 방관할 수 있는 일이겠는가!"

그의 분노는 격정에서 나온 것이 아니라, 오랜 시간 지켜보고 눌러 담은 통찰에서 나온 언어였다. 강진은 이제 유배지가 아니라, 사색과 관찰, 기록과 반성의 공간이자 실천적 학문이 싹튼 출발점이었다. 이곳에서 조선의 행정·경제·사회 제도의 근본적 개혁을 제안한 개혁서 《경세유표(經世遺表)》를 시작으로 지방 수령이 지켜야 할 규율, 행정지침서인 《목민심서(牧民心書)》, 형사 사건의 조사·심리·처형 과정을 다룬 《흠흠신서(欽欽新書)》에 이르는 위대한 저술의 밑그림이 그려졌다.

다산은 글을 쓰고 또 써 내려갔다. 한 줄을 적으며 수십 년 조정의 폐단을 떠올렸고, 한 장을 넘기며 백성의 고통을 되새겼다. 그의 글은 밥 한 끼에 마음 졸이고 가혹한 세금에 가슴 떠는 백성을 위한 글이었다. 법은 사람을 살리고 제도는 백성을 편안하게 해야 했다. 그러나 조선의 법과 제도는 본래의 목적에서 멀어져 있었다. 다산은 그 괴리를 드러내며 묵묵히 그 틈을 메우는 데 몰두했다.

학문은 백성을 위한 도구

다산은 제도를 고치는 데서 멈추지 않았다. 사람을 바꾸어야 나라가 바뀐다고 믿었고, 한 사람의 수령이 바른 마음을 가지면 그 고을 전체가 평안해진다고 확신했다. 그는 학문을 백성 곁으로 내려놓았다. 글자를 모르는 이도 마음으로 새길 수 있도록 한 자 한 자 풀어 쓰고, 비유하며, 되물었다. 학문은 이제 '사대부의 유희'가 아니라 '백성을 위한 도구'가 되었다. 강진에서 그는 자신을 깎고 다듬어, 세상을 껴안는 사람으로 거듭났다. 백성의 땀에서 사상의 방향을 얻고, 억울한 이의 눈물에서 글의 제목을 찾았으며, 절절한 고통 속에서 나라의 근간을 세우는 글을 완성해갔다.

어느 날 마을의 한 늙은이가 다산에게 말했다.

"그대는 우리를 살펴주는 벼슬아치보다 낫소. 말도 벼슬아치 같지 않고, 얼굴도 벼슬아치 같지 않은데, 글은 우리를 위해 적었소."

이 말은 다산의 삶을 압축한 평가였다. 그는 권력의 중심에서 멀어지고, 백성 가까이 다가갔다. 새벽부터 자리에 앉아 붓을 들면 복숭아뼈가 닳을 정도로 꼼짝하지 않았고, 손끝이 붉게 부르트도록 종이를 메웠다. 밥을 굶은 아이, 세금을 감당하지 못해 집을 잃은 농민, 빚에 시달리다 고향을 떠나 부랑자가 된 백성들…, 다산의 글은 그들의 삶에서 출발했다.

다산은 "사람은 모두 평등한데, 왜 누구는 후하게 살고 누구는 박하게 사는가"라며 불평등한 세상을 향해 목소리를 높였다. 이 무렵 지은 시가 〈송충이의 노래(蟲食松)〉이다. 겉으로는 소나무를 갉아먹는 송충이를 꾸짖는 듯하지만, 사실 소나무는 백성이요 송충이는 백성을 착취하는 벼슬아치였다.

어찌하면 번개 같은 벼락 도끼를 가져다가
安得雷公霹靂斧
너희들 몽땅 이글대는 용광로에 처넣어 버릴까
盡將汝族秉畀炎火洪鑪鎔

이 시의 마지막 구절은 분노의 절규다. 벼락 도끼로 찍어 모두 이글거리는 용광로에 던져 넣고 싶다는 송충이들이 과연 누구겠는가. 소나무처럼 곧은 선비를 괴롭히는 소인배일 수도, 인재를 시기하며 모함하는 간신배일 수도, 선량한 백성을 뜯어먹는 탐관오리일 수도 있다. 모두가 나라를 좀먹는 해충임은 분명하다. 다산은 유배지에서 이런 자들을 청소하지 않고는 나라가 바로 설 수 없다고 일갈했다.

우리는 왜 화려함보다
소박함에 끌리는가

어지러움 속에서 찾은 고요

강진으로 유배 온 지도 어언 십 년이 넘은 어느 초가을날, 다산은 초당에 앉아 장대비 소리를 들으며 지난 세월을 거슬러 올라갔다. 관직에 처음 나섰을 때의 기억이었다. 그는 낯설고 불안한 몸짓으로 궁궐 안을 서성였다. 의지할 이 하나 없는 나그네처럼 이리저리 눈치를 살피며, 한마디 말조차 조심스러웠다. 조금만 어긋나도 꾸지람이 쏟아졌고, 궐문을 지키던 수문장은 흘겨보며 입을 가리고 웃었다. 관청의 관리들조차 뒤에서 수군거리며 비웃음을 감추지 않았다. 신참 관료였던 시절을 다산은 가장 수치스럽고 모욕적인 기억으로 간직하고 있었다. 그럴 때마다 그의 마음은 늘 궁궐이 아니라 고향 산천으로 달아났다. 푸른 들판과 숲속, 들풀 사이에 누워 바람을 쐬던 기억이 수시로 떠올랐다.

"이런 자리에 올라 무엇을 하겠는가. 누가 금으로 치장된 집을 부러워하며, 비단으로 덮인 자리를 탐하겠는가. 차라리 들풀 사이와 산천의 바람 속이 더 그립지 않겠는가."

세상일은 돌고 돌며 끊임없이 변한다. 한때 나는 새도 떨어뜨릴 듯한 권세를 누리던 이들도 결국은 찬 서리에 시든 나뭇잎처럼 떨어지고, 물결에 떠밀린 부평초처럼 흩어진다. 피붙이들은 눈물 속에 흩어지고 믿었던 친척과 벗들마저 칼을 들어 서로를 해친다. 그 어지러움 속에서 다산은 고요한 마음으로 하늘과 땅 사이를 거닐며, 〈다산만필(茶山漫筆)〉에 남긴 글귀처럼 자신에게 고백했다.

"고난의 소용돌이에 휘말리지 않은 나를 신선이라 부른다 해도 결코 지나친 말은 아니다."

자신을 위로하며 초당 마당을 거닐다가 문득 미래를 잘 내다보았다던 한 도인의 말이 떠올랐다.

"나는 관상가 곽경순(郭璞)도 아니요, 점쟁이 소강절도 아니네. 그럼에도 사람의 길흉화복을 점치면 어찌 된 일인지 하나같이 내 말대로 되었지. 다만 한 가지, 세상 사람들이 '가장 뛰어난 인물'이라 칭송하는 자는 어김없이 오래가지 못했네. 아침이 아니면 저녁에 꺾이고 말았지. 이쯤 되면, 점괘란 게 무슨 소용이 있겠는가?"

가진 것 없으니 화를 입지 않네

점쟁이 도인의 말을 곱씹던 순간, 다산은 초당 곁에 있던 벌통을 유심히 바라보았다. 작은 벌들이 쉼 없이 날아다니며 부지런히 일하는 모습은 문득 도인이 한 말의 이치를 다시금 되새기게 했다.

벌의 세계에는 장수가 있고 병사가 있다. 집을 짓고 양식을 모으며, 물을 걱정하고 불을 두려워하며 머나먼 앞날까지 대비한다. 질서를 세우고 부지런히 일하는 그 정신과 실천은 다른 곤충들과는 비교조차 할 수 없는 것이었다. 그 순간 두보의 〈기러기를 읊은 시(詠鴈)〉가 생각이 났다.

눈이 오기 전, 오랑캐 땅을 피해 날아가고	欲雪違胡地
꽃이 피기 전, 초나라의 구름과 헤어지네	先花別楚雲
들까마귀는 아무 생각 없이	野鵶無意緒
하루 종일 울어대기만 하더라	鳴噪日紛紛

    벌통을 보고 있으려니, 이번엔 나비 한 마리가 팔랑이며 날아들었다. 나비는 벌처럼 집을 짓지도 않고 양식을 모으지도 않는다. 그저 꽃잎에 잠시 앉았다가 떠날 뿐, 들까마귀처럼 아무 뜻도 없이 떠도는 듯했다. 다산은 잠시, 이런 심정을 담아 한량과도 같은 나비를 풍자하는 시를 지어볼까 하다가 이내 마음을 바꾸었다.

    벌은 일찍부터 부지런히 일하고 알뜰히 모으지만, 끝내 화를 당하지 않는가. 꿀이 가득 찬 창고는 약탈 당하고 무리는 불에 타 죽임을 당한다. 반면 나비는 그날그날 얻는 대로 먹고 집도 없이 떠돌며 하늘 아래를 유유히 헤매지만, 가진 것이 없으니 화를 입지 않는다.

    중국 진나라의 대부호 석숭(石崇)은 사치를 일삼다 미움을 받아 하루아침에 재산을 잃고 목숨도 보전하지 못했다. 반대로 요순시대 청렴의 상징인 허유(許由)는 표주박으로 물을 마시며 소박하게

산 덕분에 그의 이름은 맑고 고결하게 길이 전해졌다. 또한 사향노루는 자신의 향기를 흘려보내며 재앙을 피한다.

다산은 생각했다.

"세상의 이치를 아는 자라면 무엇을 선택해야 할지 분명히 알 것이다. 그러니 어찌 벌이 지혜롭고, 나비가 어리석다고만 하겠는가."

꽃이 지듯, 나 또한 그렇게

젊은 시절부터 꽃을 사랑한 다산은 초당에 백여 포기 작약을 심었다. 해마다 꽃이 피고 지는 모습을 유심히 바라보다 문득 자신의 삶을 비추어 보았다.

막 싹이 트는 무렵, 새순의 기세는 돌을 뚫을 듯 굳세고 붉었으며 칼날처럼 날카로웠다. 무엇도 막을 수 없는 당당한 기세였다. 그 모습이 젊은 날 한림원 직각(翰林院直閣)에 임명되던 순간과 겹쳐 보였다. 이윽고 잎은 넓게 펼쳐지고 줄기는 무성히 퍼져나가 윤택하고 부드럽게 빛이 났다. 보는 이의 마음까지 환히 밝히던 모습은 홍문관과 승정원, 곧 옥당(玉堂)과 은대(銀臺) 벼슬에서 지내던 시절을 닮아 있었다.

장차 꽃봉오리가 하나둘 맺히고 단단히 여문 꽃받침은 굳게 닫혀 있다. 개미는 이미 그 진액을 빨고 있으나, 나비는 아직 향기를 맡지 못한다. 이 시기의 꽃봉오리는 멀리서 보면 독을 품은 듯 위협적이고 손에 쥐면 놀라울 만큼 단단하다. 이는 제학(提學)이나 도승지(都承旨)로 지내던 때의 자신을 떠올리게 했다.

마침내 작약은 붉은 햇살처럼 꽃을 터뜨리고 불빛처럼 찬란한 구슬을 드러냈다. 겹겹의 꽃잎은 비단처럼 쌓이고 짙은 향기는 방 안 가득 퍼졌다. 붉고 풍성하며 빛이 나는 이때는 마치 대제학이나 이조판서에 올랐던 때를 떠올리게 했다.

달이 차면 반드시 기우는 법이라 했던가. 절정은 오래가지 않았다. 다산은 "나는 이제 그다음을 말하기조차 마음 아프다"라고 자조했다. 쇠락의 징조는 날로 뚜렷해지고, 흉한 모습이 하나둘 드러났다. 축 늘어진 가지는 화살 맞은 새와 같고, 찢기고 해진 꽃잎은 집에서 쫓겨난 여인처럼 초라하다. 이는 마치 강가를 떠돌고 작은 섬을 전전하며, 앞길은 막혀 버린 지금의 신세와 같았다.

다산은 〈다산만필(茶山漫筆)〉에서 "이것이 곧 하늘과 땅의 변하지 않는 이치다"라고 했다. 이어서 다음과 같은 글을 남겼다.

> 비단옷과 수놓은 옷이 아무리 찬란하다 하여도 시인의 세계에서는 누더기 옷과 해진 두루마기를 더 귀하게 여긴다. 기름지고 맛 좋은 진수성찬이 아무리 풍성하다 하여도 시인의 세계에서는 산나물과 들채소를 더 중히 여긴다. 화려하게 조각된 지붕과 단청으로 꾸며진 집은 대나무로 엮은 누각과 띠로 덮은 정자에 미치지 못하고, 금으로 장식한 안장과 빠른 말도 명아주로 만든 지팡이와 터벅터벅 걷는 나귀보다 못하다. 세상 사람들은 모두 그렇게 말하면서도, 왜 그런지는 알지 못한다.

사람들은 이런 대비를 당연하게 여긴다. 그러나 그 속뜻을 깊이 헤아리는 이는 드물다. 모든 화려하고 값비싼 것들은 인간의 욕망에서 비롯되지만, 도(道)를 좇는 마음은 언제나 한적하고 담담하며 소박한 풍경을 즐긴다. 부귀와 향락이 본성을 흐리고 선한 본심을 거의 지워버린다 해도 그 본심이 완전히 사라지는 것은 아니다. 그래서 사람들은 사치스러운 것을 좇으면서도 본능적으로 담백한 세계를 그리워하고 고요한 경지를 동경하는 것이다.

화가가 그림을 그릴 때, 들판 너머 초가집과 작은 다리 곁 시골 주막을 그려 넣으면, 보는 이마다 "참 좋다!" 하고 감탄한다. 그러나 붉은 누각과 채색된 전각을 그려 넣으면, 다섯 살 아이조차 손가락질하며 "저건 광통교 풍경 같아!" 하고 속되다 여긴다. 어찌 까닭이 없겠는가. 다산은 그것을 "겉마음과 속마음, 곧 인심과 도심이 본래 다르기 때문"이라고 보았다.

겉으로는 눈을 즐겁게 하는 화려한 풍경이 사람들의 마음을 사로잡는 듯 보이지만, 정작 오래 남는 것은 검소한 풍경과 담담한 삶이다. 다산은 그 이치를 다음과 같은 글로 남겼다.

즐거움은 비난의 싹이 되고, 고난은 칭송의 뿌리가 된다.
관자(管子)는 무릎 밑이 닳도록 낮은 자리에 엎드려 글을 읽었고
정이천(程伊川)은 진흙으로 빚은 상(像)처럼 묵묵히 앉아 학문을 지켰다.
그 고생이 천하에서 가장 깊었으니
세상 사람 모두가 그들을 우러러 칭송한 것이다.
그러나 진나라 후주(陳後主)는 봄날 궁궐을 장식하며 향락에 빠졌고
당나라 명황(明皇)은 미녀와 진미에 탐닉하며 세월을 보냈다.
그 쾌락이 세상에서 으뜸이었으므로
세상 사람들은 오히려 그들을 손가락질하였다.

이치를 넓혀 보면, 세상만사가 다 그러하다.

− 〈다산만필(茶山漫筆)〉

다산이 말한 교훈은 분명하다. 화려함은 눈길을 끌어도 오래가지 못하고, 검소함과 절제 속에서 지켜낸 삶만이 세월이 지나 끝내 존경을 받는다. 즐거움은 순간이지만 고난은 흔적을 남긴다. 그 흔적은 한 사람의 삶을 허물기도 하고 더욱 굳건히 세우기도 한다. 다산이 남긴 가르침은 결국 그 흔적이 곧 삶의 진짜 자산이며 후대가 기억하는 이름이라는 데 있다.

고향 산천을 그림으로 그리면
병이 낫는다지

소내, 마음 깊이 새겨진 삶의 원형

어린 시절 강을 좋아했던 다산은 강물에 발을 담그고 그물을 쳐서 물고기를 잡으며 놀곤 했다. 어느 날은 철마산과 운길산 능선을 형님들과 함께 걸으며 수종사 언덕에 올라 넓게 펼쳐진 한강 물길을 바라보았다. 그 경험은 마음 깊숙이 새겨진 삶의 원형으로 남았다.

외로운 유배 시절, 마음을 붙잡아준 것은 고향의 산천이었다. 유배지에서 다산은 고향의 강 '소내'를 가장 많이 떠올렸다. 다산에게 소내는 삶의 근원이자 생애 첫 기억이 흘러가는 자리였다. '초계(苕溪)', '초천(苕川)', '우천(牛川)'으로 불린 이 강은 그의 글과 시, 그리고 사유 속에서 여러 이름으로 되살아났다.

그러던 중에 문득 한 가지 생각이 스쳤다. 송나라 문인 소식(蘇軾), 곧 소동파(蘇東坡)의 일화였다. 유배지에서 향수병을 얻은 소동파가 고향의 아미산(峨嵋山)을 그려놓고, 그 그림을 바라보며 마음의 위안을 얻었다는 이야기였다. 다산에게 소내가 그러했듯, 소동파에게 아미산은 단순한 산이 아니라 영혼의 안식처였다.

중국 사천성에 우뚝 솟은 아미산은 예로부터 문인들이 찬탄해 마지않던 명산이었다. 봉우리와 능선은 부드러운 여인의 눈썹을 닮았다 하여 눈썹 '미(眉)'자를 써 '아미(峨眉)'라 불렸고, 푸른 안개와 흰 구름이 산허리를 감싸면 마치 신선이 노니는 듯 신령하고 고요한 세계가 열렸다. 속세의 소란이 닿지 않는 아득한 선경(仙境)은 세속을 벗어난 이들이 꿈꾸는 이상향으로 오래도록 전해졌다.

아미산을 그리며 향수를 달랜 소동파

소동파는 왕안석이 추진한 개혁 정책, 곧 '신법(新法)'에 비판적인 입장을 취했다. 그는 신법이 백성의 삶을 더 낫게 하기보다 오히려 부담을 가중시킨다고 보았다. 이 때문에 신법을 지지하는 신법당과 대립하였고 모함과 탄핵을 거듭 당했다.

1097년, 결국 소동파는 신법당의 정치적 공격에 휘말려 중국 최남단인 해남도(海南島)로 유배되었다. 해남도는 문인과 관료들에게 사실상 사형선고나 다름없는 귀양지였다. 그곳에서 다시 돌아온 경우는 극히 드물었다.

조정 중심으로부터 가장 멀리 떨어진 그곳에서 소동파는 세상과 단절된 삶을 살아야 했다. 눈앞에 끝없이 펼쳐진 낯선 바닷가에 서면 고향과 가족에 대한 그리움이 파도처럼 밀려왔다. 그곳에서 그는 아미산을 그려 벽에 걸었다. 떠나온 산천을 기억의 실마리로 이어 붙이듯, 고향을 향한 그리움을 한 폭의 그림으로 되살려낸 것이다.

　그림 속 아미산은 늘 그대로였으나, 소동파의 시선과 감정은 날마다 그 풍경을 새롭게 채색했다. 안개에 잠긴 아침, 햇빛에 물든 정오, 붉게 타오르는 저녁노을과 고요한 달밤까지 그림 속 산은 하루하루 다른 얼굴로 그의 고독을 감싸주었다. 그는 아미산을 바라보고 시를 읊으며 절망 속에서도 마음을 지탱하는 법을 배워갔다. 풍경은 그대로였으나, 그것을 받아들이는 마음이 달라진 것이다.

　소동파가 해남도 낯선 섬에서 '아미산도'를 그려 벽에 걸어두는 순간, 그의 육신은 귀양지에 있었으나 정신은 고향에 머물러 있었다. 그림은 기억의 닻이 되었고, 그 닻은 외로움 속에서도 삶의 균형을 잃지 않게 해주는 버팀목이 되었다.

거칠게나마 그려본 고향

다산은 고단한 유배지에서 종종 이런 생각을 했다. 소동파가 아미산을 그려 벽에 걸고 향수를 달랬듯, 자신도 고향 풍경을 그려보고 싶다고. 그토록 돌아가고 싶었던 곳, 늘 마음속에 머물던 풍경은 다름 아닌 집 앞을 흐르던 소내, 곧 초계(苕溪)였다.

　여름이면 강가로 달려가는 일이 하루의 큰 기쁨이었다. 깊지 않은 물에 맨발을 담그고 물고기를 잡으려 허우적대던 기억은 지금도 손끝에 선명했다. 옷이 흠뻑 젖은 줄도 모르고 놀다가 저녁 무렵 어머니의 부름에 서둘러 돌아가던 길. 버드나무 그림자가 드리운 둑길과 풀숲을 헤치던 바짓가랑이의 감촉은, 다산에게 고향을 떠올리게 하는 첫 기억이었다. 강가에는 늘 웃음소리가 가득했고,

그 웃음은 훗날 세상사의 무게를 짊어진 뒤에도 오래도록 마음속에 메아리쳤다.

강진 유배지에서도 고향 초계의 물소리는 자주 그의 귓가를 맴돌았다. 어느 날 이른 아침, 안개가 자욱한 들판을 걷고 있을 때였다. 풀잎에 맺힌 이슬이 햇살을 받아 반짝이는 순간, 다산은 문득 고향 강가를 떠올렸다. 새벽 안개가 걷히며 수면 위로 번져가던 햇빛, 잔잔하게 일렁이던 초계의 물결. 그는 걸음을 멈추고 숨을 고르듯 한참 동안 그 기억을 되새겼다. 낯선 땅이었지만, 그날의 공기 속에는 분명 고향의 향기가 배어 있었다.

초계에 대한 그리움은 마침내 한 폭의 그림처럼 그의 마음속에 자리 잡았다. 다산은 붓을 들어 고향을 종이 위에 옮겨보았다. 오래 쌓인 그리움은 마침내 시가 되었고, 그 결실이 바로 〈희작초계도(戲作苕溪圖)〉다.

소동파는 남해 땅에 귀양 가서	子瞻謫南海
아미산을 그려놓고 병이 나았다지	愈疾峨嵋圖
나도 지금 초계를 그려놓고 싶은데	我今欲畫苕溪看
이곳엔 화가가 없으니 누구에게 부탁할까	世無畫工將誰摸
시험 삼아 수묵으로 밑그림을 그려보니	試點水墨作粉本
먹 자국만 낭자하니 먹칠 되고 말았구나	墨痕狼藉如鴉塗
밑그림 몇 번 고치다 손에 익어졌지만	粉本屢更手漸熟
산 모양과 물빛은 여전히 어렴풋하네	山形水色猶模糊

제목 그대로 '거칠게나마 초계를 그려본 그림'이라는 뜻을 담은 이 시에서 다산은 소동파가 아픈 마음을 아미산 그림으로 달래듯, 자신 또한 마음속 초계의 풍경을 글과 그림으로 그려 고단한 삶을 위무하고자 했다.

다산은 번진 먹물 자국을 가만히 바라보며 이 얼룩에도 고향의 물결이 스며 있을지 모른다고 생각했다. 완성은 중요하지 않았다. 서툰 붓끝에서 번져 나온 선과 얼룩이 곧 초계의 강물이 되어 종이 위를 흘렀다.

그렇게 다산은 그리움을 담은 그림으로, 풍경이 아닌 기억으로, 초계를 다시 되살리고 있었다. 종이 위에 번져 흐른 강물은 어느새 어린 시절의 웃음소리를 품고 강가에서 맨발로 물장구치던 소년의 그림자를 불러왔다. 그 순간, 다산은 늙은 선비가 아닌 초계의 소년으로 돌아가 있었다.

권력과 돈을 잃고 슬퍼하는 자,
밤 한 톨 잃고 우는 어린아이와 같다

그리운 남편

1801년 신유사옥으로 다산이 강진으로 유배된 이후, 부인 홍씨는 남편의 소식을 기다리며 하루하루를 숨죽이며 살아갔다. 처음에는 곧 돌아올 줄 알았다. 며칠이 지나고, 몇 달이 흐르고, 어느덧 해가 바뀌었다. 기약조차 없는 시간 속에서 남편이 살아 있다는 소식조차 더디게 전해졌다.

그 시간 동안 홍씨는 마재의 집, 여유당을 지켰다. 두 아들 학연과 학유는 어느덧 어른이 되어 제 몫을 다하고 있었지만, 남편이 비운 자리의 허전함은 채워지지 않았다. 그 부재는 집안 구석구석마다 조용히 드리워져 그림자처럼 사라지지 않은 채 홍씨 부인의 마음을 짓누르고 있었다. 편지 몇 장, 소문 몇 마디에 기대를 걸다가도 소식이 끊긴 날이면 혼자 지난 시간을 되짚었다. 남편과 함께 걷던 길을 우연히 지나칠 때면 문득 발걸음을 멈추는 일이 잦

아졌다.

    1806년, 그해는 홍씨와 다산이 혼례를 치른 지 삼십 년이 되는 해였다. 1776년 음력 2월 22일, 열다섯의 정약용과 열여섯의 풍산 홍씨는 혼례를 치렀다. 그날 홍씨가 입었던 다홍빛 치마 한 벌이 장롱 깊은 곳에 고이 접혀 있었다. 홍씨는 조심스레 그 치마를 꺼내 손질하고, 곱게 접어 유배지로 보낼 채비를 했다. 치마를 보내는 마음은 무거웠지만, 편지에는 특별한 말을 덧붙이지 않았다. 치마를 마주한 남편이 그 뜻을 알아줄 것이라 믿었다.

천 리 밖에서 건너온 그리움

홍씨는 치마와 함께 〈기강진적중(寄康津謫中)〉이라는 사언시를 쓴 편지를 부쳤다. 시집올 때 입었던 다홍빛 치마는 누렇게 바래 있었다. 그날의 시 구절들은 치마의 색처럼 담담하지만 깊은 울림을 전한다.

집을 옮겨 남쪽으로 내려가	移家南渡
끼니라도 챙겨드리고 싶으나	庶備炊爨
해가 저물도록 병이 깊어져	歲暮病深
이 내 박한 운명 어쩌리까	奈此殘命
이 애절한 그리움을	一段懷抱
천 리 밖에서 알아주실는지	千里照映

    _〈강진에 유배 중인 남편에게 보내다(寄康津謫中)〉

치마와 함께 동봉한 이 시에는 말할 수 없는 한 시절을 견딘 여인의 마음이 담겨 있었다. 한 해 한 해 머리칼이 희어져 가는 동안에도 그녀는 남편의 자리를 비워두며 살아왔다. 사는 일이 무너지지 않게, 아이들이 흔들리지 않게, 그저 꿋꿋하게 버티는 것이 자신의 몫이라 믿었다. 치마의 실오라기에 담긴 삶의 무게를 남편 다산이 모를 리 없었다.

처음 만난 날의 마음을 잊지 않으리

천 리 밖 강진에서 치마를 받아 든 다산은 흠칫 놀랐다. 사대부 집안의 부인이 혼례 때 입었던 치마를 남편에게 보낸 일은 동서고금을 막론하고 전례가 없었다. 그러나 곧 그는 그 뜻을 알아차렸다. '처음 만난 그날의 마음을 잊지 말라'는 아내의 당부이자, '당신을 영원히 사랑한다'는 고백이었다.

아내의 마음을 읽어낸 다산은 자신을 더욱 단속했다. 유배 세월 동안 외로움과 욕망에 흔들릴 때도 있었지만, 웃음과 절제로 견뎌냈다. 어느 해 겨울, 꿈속에 한 아리따운 여인이 찾아와 그를 유혹한 적이 있었다. 다산은 꿈속에서도 그 여인을 단호히 물리쳤다. 깨어난 뒤 꿈속에서 느꼈던 감정을 시로 남겼다.

눈 덮인 산 계곡의 한 송이 매화인들	雪山深處一枝花
붉은 비단에 싸인 복사꽃만 하랴마는	爭似緋桃護絳紗
이 내 마음 이미 금강철이 되었으니	此心已作金剛鐵
풍로가 있다 한들 너를 어찌 녹이겠는가	縱有風爐奈汝何

꿈속의 유혹조차 시로 승화시키며 웃어넘긴 다산은 아내가 보내온 치마 앞에서 오래전 기억을 떠올렸다. 혼례 날 처음으로 아내를 마주했던 순간, 낯설면서도 따뜻했던 눈빛, 말없이 웃던 아리따운 얼굴, 그리고 그날 입었던 다홍빛 치마. 세월이 흘러도 지워지지 않는 기억이었다.

"삼십 년…".

다산은 치마를 가만히 쓸어내리며 중얼거렸다. 함께 살아낸 삼십 년, 함께 버텨낸 삼십 년. 바래고 해진 치마에 함께 울고 웃으며 살아낸 세월이 묻어 있었다.

다산은 치마를 조심스레 내려놓고 자리에 앉았다. 고향에 남은 부인이 이 치마를 꺼내 보내기까지 어떤 마음이었을까. 헤아려보려 했지만, 생각은 이내 희미해졌다. 이제 막 주막인 사의재를 떠나 제자 집에 얹혀 있는 처지에서, 부인이 보내 온 치마를 아무렇지 않게 꺼내 보일 수는 없었다. 다산은 남모르게 그 치마를 깊숙이 숨겼다. 아직은 누구에게도 보이고 싶지 않았다. 아직은 그 마음을 말로 꺼낼 수 없었다.

서첩이 된 빛바랜 치마

그로부터 3년이 흘렀다. 부인이 보내 온 색바랜 치마는 보자기에 곱게 싸여 다산 곁에 조용히 머물러 있었다. 고단한 하루가 저물 무렵, 그는 가끔 보자기를 꺼내어 빛바랜 치마를 펼쳐 보곤 했다.

1810년, 유배 10년째 되는 해. 다산은 깊은 생각 끝에 결심을 굳혔다. 고향 집을 떠날 때 열아홉, 열여섯이던 두 아들은 어느덧 서른을 바라보는 장정이 되었고, 장손 대림도 세상에 태어났다. 시간은 그렇게 흘렀다. 그동안 장남인 학연이 올린 상소로 해배 명령이 떨어졌으나, 끝내 무산되었다.

희망은 가까이 다가오는 듯하다가 매번 멀어졌다. 그러나 마음은 쉽게 지지 않았다. 이대로 세월을 흘려보낼 수는 없다고 다산은 생각했다. 그리고 마침내 결심했다. 치맛자락에 스민 마음과 시간, 말로 다 전하지 못한 사랑과 가르침을 담아 하나의 서첩으로 남기리라. 그것은 자식들에게 전하는 유배지에서 보낸 마지막 편지이자, 부인의 손길에 답하는 그의 방식이었다. 그렇게 서첩의 첫 장이 펼쳐지기 시작했다.

병든 아내가 치마를 보내	病妻寄敝裙
천 리 밖 그리운 마음 함께 부쳤구나	千里託心素
오랜 세월에 붉던 빛은 누렇게 바래고	歲久紅已褪
세월의 쇠락에 마음이 서글프다	蒼然念衰暮
잘라서 작은 첩을 만들고자 하니	裁成小書帖
아들들에게 경계의 말을 새긴다	聊寫戒子句
너희는 부모를 생각하며	庶幾念貳親
평생 마음속에 간직하길 바란다	終身鐫肺腑

치마를 잘라 서첩을 만들기로 결심한 다산은, 조용히 손끝으로 치맛자락을 쓸어내렸다. 병든 몸으로 치마를 꺼내 놓고, 붓을 들어 시 한 수를 짓는 부인의 모습이 아른거렸다. 다산은 고요히 앉아

치마를 곱게 마름질했다. 자른 비단 조각 하나하나를 넘기며 먹을 갈고, 한 글자씩 마음을 담아 눌러 썼다.

이 글이 두 아들의 손에 닿을 날이 언제일지는 알 수 없었다. 그러나 언젠가 이 서첩을 펼쳐 보게 되는 날이 온다면, 색 바랜 비단 위에 써 내려간 아비의 글을 통해 두 아들에게 전하고자 했던 마음이 닿을 수 있으리라 믿었다. 그리고는 서첩 표지에 '하피첩(霞帔帖)'이라는 표제를 썼다. 노을빛 치마를 뜻하는 '하피'는, 부인 홍씨가 혼례 날 입었던 치마를 은유한 것이다. 유배지에서 받은 바랜 치마는 이제 연모와 회한, 그리고 아버지로서의 당부가 고스란히 담긴 서첩으로 다시 태어났다.

하피첩, 아버지 다산의 마지막 유산

다산은 아비로서 해준 것이 없다는 생각에 마음이 늘 무거웠다. 벼슬길은 끊겼고, 집안 형편도 여의치 않았다. 그러나 그는 마음 하나만큼은 전하고 싶었다.

"근면은 부를 낳고, 검소함은 가난을 구제한다(勤則生財 儉則濟貧)."

"선행(善行)을 본받아 실천하라."

"군자는 무엇보다도 바른 몸가짐의 공부에 힘써, 조용히 앉는 자세를 익힐 때 육중한 산이 우뚝 솟은 듯이 하고, 사람을 대하거나 사물을 접할 때 먼저 기상을 점검하여 자신의 본령을 세운 뒤에 점차 저술에 마음을 기울여야 한다."

"의식(衣食)과 재화(財貨)는 모두 부질없다. 재화는 남에게 베푸는 것보다 더 좋은 게 없다."

"벼슬이나 세력을 잃은 자, 재물이나 돈을 잃은 자, 자손을 잃고 슬퍼하여 죽음에 이른 자는 달관(達觀)한 사람의 눈으로 보면 한 톨의 밤을 잃고 울어대는 아이와 같다."

"경(敬)으로 마음을 바로잡고 의(義)로 일을 바르게 하라(敬直義方)."

"내가 너희에게 전답을 남겨주지는 못하지만, 평생을 살아가는 데 재물보다 소중한 두 글자를 주겠다. 하나는 근면할 '근(勤)'이요, 또 하나는 검소할 '검(儉)'이다."

"사대부가의 법도는, 벼슬에 나아갔을 때는 산기슭에 거처를 얻어 처사의 본색을 잃지 말고, 벼슬이 끊어지면 곧 서울에 거처를 정해 세련된 안목을 잃지 말아야 한다."

공부하는 법과 삶의 태도, 집안이 기울어도 자존감을 잃지 말고 훗날을 준비하라는 당부까지 다산은 빠짐없이 적어 내려갔다. 몰락한 집안의 아버지가 《하피첩》을 통해 두 아들에게 남긴 마지막 유산, 고난 속에서도 지켜야 할 삶의 기준은 재물도 권세도 아니었다. 그가 남긴 것은 성실과 절제라는 삶의 태도, 세대를 넘어 전해져야 할 가치였다.

오늘 우리는 무엇을 다음 세대에 남기고 있는가. 풍요 속에서도 길을 잃고 흔들리는 지금, "근면으로 재물을 이루고 검약으로 가난을 구제하라"라는 다산의 당부는 여전히 가장 확실한 길잡이가 된다. 그것은 지나간 시절의 교훈이 아니라, 시대가 바뀌어도 변치 않는 삶의 기준이자 우리가 다시 붙들어야 할 최소한의 원칙이다.

은혜를 저버리는 자를 멀리하라
― 첫째 아들에게 보낸 편지

유배지에서 띄운 아버지의 편지

다산 정약용이 유배지에서 보낸 18년은 자녀 교육에서 가장 중요한 시기이기도 했다. 벼슬을 빼앗기고 먼 지방으로 내쳐진 아버지가 할 수 있는 일은 편지를 통해 삶의 방향을 일러주는 것뿐이었다. 그에게 편지는 곧 교육이자 유산이었다. 자식들을 직접 훈육할 수 없는 현실에서 다산은 두 아들에게 수많은 편지와 가훈을 보내며, 사람됨의 근본과 삶의 자세를 신신당부했다.

다산이 두 아들에게 보낸 편지는 모두 스물여섯 통이다. 1801년 2월 27일 경상도 장기에 유배된 지 사흘 뒤인 3월 2일에 첫 편지를 보냈다. 마지막은 해배되기 2년 전인 1816년 6월 17일에 쓴 것이다. 이 가운데 아홉 편은 가훈의 성격을 띠는데, 특히 1810년 9월 강진 다산초당 동암에서 쓴 편지는 폐족의 생존법과 가문의 회복을 진심으로 당부한 대표작으로 꼽힌다.

미래가 불확실한 유배 신세였지만, 다산의 가르침은 늘 희망을 향했다. 그의 글은 꾸밈이 없고, 기본을 천천히 되새기게 했다. 그가 강조한 바는 분명했다. 사람은 먼저 몸을 닦아야 하며, 그 바탕은 효도와 형제간의 우애에 두어야 한다는 것. 이를 저버린 학문과 문장은 공허한 껍데기에 불과하다고 했다. 마치 흙벽에 무늬만 그려놓은 것과 같다고 강조한다.

다산은 인간의 마음이 얼마나 변덕스럽고 얕은지를 뼈저리게 경험했다. 부모에게 불효하고 형제를 외면하는 사람은 비록 눈앞에서 충직하고 성실해 보일지라도, 결국에는 은혜를 저버리고 의리를 배신한다는 사실을 그는 몸소 겪었다. 그런 자들은 아침에 따뜻하다가도 저녁이면 싸늘해진다. 그 온도의 차이가 곧 진심의 깊고 얕음을 드러낸다.

정학연, 가르침을 삶으로 이어가다

장남 정학연(丁學淵, 1783~1859)은 정조 7년, 다산과 풍산 홍씨 사이에서 태어났다. 시문과 의술에 능하여 일찍부터 문학과 실용학문에서 두각을 드러냈다. 십대 후반 부친이 유배를 당하자, 강진을 오가며 황상(黃裳), 아암 혜장(兒菴 惠藏), 초의선사(草衣禪師) 등과 교유했다.

부친이 해배된 뒤에는 한강 양수리 인근의 노·소론 명가들이 주축이 된 두릉시사(杜陵詩社)의 핵심 일원으로 활동하였다. 그는 교유와 시문을 통해 조용하면서도 깊은 교양과 인품을 드러냈고, 부친이 강조한 실사구시적 학풍을 실천한 인물이다. 젊은 시절부터 의술에 두각을 나타내 궁중에 출입할 만큼 실력을 인정받았다. 이는 부친의 가르침 아래 어려서부터 농학과 의술 등 실용학문을 익힌 덕이었다.

평생을 벼슬 없이 포의(布衣)로 지내던 정학연은 1857년 일흔이 넘은 나이에 광주 분원의 사옹원 봉사(司饔院奉事)에 임명되었다. 추사 김정희는 박학다식한 정학연을 두고 "그가 다녀간 뒤에는 단지 한 사람이 왔다 간 것이 아니라, 여러 사람이 다녀간 듯하다"라고 평했다. 추사의 제자인 이상적(李尙迪, 1804~1865) 또한 "정학연의 문장은 나라를 빛낼 만했고, 의술은 나라를 고칠 만했건만, 이 나라의 도(道)는 어찌하여 둘 다 적막하게 했는가"라며 그의 학식이 세상에 쓰이지 못함을 안타까워했다.

1810년 9월, 정학연은 임금의 행차를 가로막고 징을 울리며 아버지를 유배에서 풀어달라고 호소했다. 이 격쟁으로 왕의 용서를 이끌어냈으나 정적들의 훼방으로 해배는 성사되지 못했다. 다산은 그때 장남 정학연에게 장문의 편지를 띄워, 어떻게 살아야 할지 가르침을 전했다.

학연 보아라

몸을 닦는 일은 효도와 형제간의 우애를 근본으로 삼아야 한다. 이 바탕을 지키지 못한 채 학식이 높고 문장이 빼어나다 한들, 그것은 흙벽에 무늬만 그려놓은 것과 다르지 않다. 이 아비가 자신을 엄격히 단속하니, 가까이 사귀는 벗들도 저절로 단정한 이들뿐이었다. 사람은 결국 같은 기운을 지닌 이들을 찾게 마련이니, 따로 애써 노력하지 않아도 그러하다.

나는 세상을 오래 살아오며 온갖 어려움과 험한 일을 겪었고, 사람 마음의 변덕스러움 또한 깊이 체험했다. 그 끝에 얻은 깨달음은 분명하다. 천륜에 어긋난 사람, 곧 부모에게 불효하고 형제를 사랑하지 않는 사람은 결코 가까이해서는 안 된다는 것이다. 비록 그가 충직하고 부지런하며 내게 정성을 다한다 하더라도, 언젠가는 반드시 은혜를 저버리고 의리를 배신한다. 그런 자들은 아침에는 따뜻하다가도 저녁이면 싸늘해진다. 그 온도의 차이가 곧 진심의 깊고 얕음을 드러낸다.

세상에서 가장 깊고 두터운 은혜와 의리는 부모와 형제 사이에서 비롯된다. 그 은혜조차 가볍게 저버리는 사람이라면, 하물며 친구 사이에서야 어떠하겠는가? 이치로 보아도 자명한 일이다. 그러니 반드시 기억하라.

"부모에게 불효하는 자는 가까이하지 말고, 형제를 진심으로 사랑하지 않는 자 역시 멀리하라."

사람을 살펴볼 때는 먼저 그 속마음과 품성을 보아야 한다. 만약 그에게서 바르지 못한 점이 보이면, 먼저 나 자신을 돌아보고 혹시 나에게도 같은 병폐가 있지 않은지 반성하며, 그 자리에서 단호히 고쳐야 한다.

나의 아버지 정재원 공은 남거(南居) 한공과 깊은 벗이었는데, 한공은 효심이 지극한 분이었다. 또 나의 조부께서는 사곡

(沙谷) 윤정자 공과 절친하셨는데, 그분 역시 효자로 이름난 분이었다. 그 덕분에 두 분 모두 집안을 잘 보전하며 훌륭한 이름을 잃지 않으셨다. 그러나 이 아비는 벗을 제대로 사귀지 못해, 날카로운 창칼처럼 나를 해친 이들이 도리어 예전의 친한 벗들 가운데서 나왔다. 나는 그제야 벗을 사귀는 법, 곧 취우(取友)의 도리를 깨달았다.

나는 벼슬도 하지 않은 시절부터 이미 성군을 만나고, 벼슬길에 오른 뒤에는 임금의 총애가 점점 더 깊어졌다. 정사에 관한 은밀한 이야기도 서슴없이 나누었고, 내가 세상에 밝히지 못한 일들도 많았다. 하지만 결국 내가 세운 계책이나 정책은 책에 기록되거나 청동 솥에 새겨질 만한 큰 공으로는 남지 못했다. 왜 그랬을까.

옛 성현이 말하길, "그 자리에 있지 않으면 정사를 논하지 말라" 하였고, 《역경》에서는 "군자는 자기 자리에 맞는 생각만 하라"라고 하였다. 내가 젊어 세상 이치를 덜 깨달아 이 도리를 미처 알지 못했으니, 아아, 이제 와서 뉘우친들 무슨 소용이 있으랴.

임금을 섬기는 도리는 임금에게 사랑받는 것보다 존경받는 것이요, 기뻐하게 하는 것보다 신뢰받는 것이 더 중요하다. 임금 곁을 아침저녁으로 드나들며 화려한 문장과 말재주로 즐겁게 하는 자, 글을 빠르게 써내는 자, 눈치를 살피며 임금의 안색을 읽는 자, 벼슬을 쉽게 얻고 또 쉽게 내던지는 자, 예법을 무너뜨리고 무리 지어 줄을 서는 자, 이들은 결코 임금의 존경을 얻지 못한다.

설령 임금이 연회 자리에서 다정히 대하고, 기밀한 일을 맡기며 속마음을 허락하고 측근처럼 편지를 보내고 물품을 하사한다 해도, 그것만으로는 참된 영광이나 진실한 총애가 되지 않는다. 오히려 무리의 시기와 분노를 불러 결국 그 재앙이 반드시 자신에게 닥치게 된다. 그런 허망한 친밀함은 실제 벼슬의 품계나 출세에도 아무런 도움이 되지 않는다.

왜 그런지 아느냐. 임금 또한 늘 의심받는 자를 멀리하려 하기 때문이다. 사실은 첩이나 하녀처럼 가까이 두고 아끼는 듯하지만, 실제로는 심부름꾼처럼 부려 쓸 뿐이다. 수고는 많으나 정작 발탁되어 쓰이기는 어렵다. 세상에 훌륭한 선비가 시골에서 나올 때, 가장 좋은 모습은 임금이 그의 이름조차 모를 때이다. 다만 문장을 올리고 논책을 제출할 뿐, 그 안에 담긴 충정과 직언은 아무런 해가 없다. 그러나 그 문장이 조각처럼 다듬어지고 붓끝만으로 세상을 휘젓는다면, 그는 이미 무대 위의 배우와 다르지 않다.

너는 아무리 벼슬이 작고 지위가 낮더라도 공손히 근면하고 성실하게 임해야 한다. 말을 올릴 수 있는 자리에 있다면, 매일 바른말과 충직한 의견을 올리도록 힘써야 한다. 위로는 군주의 잘못을 바로잡고 아래로는 백성의 억울함을 전하며, 때로는 부패한 관리를 파면하는 일에도 나서야 한다.

이 모든 말은 반드시 지극히 공정한 마음에서 나와야 한다. 충언을 할 때는 탐욕스럽고, 비열하고, 방탕하며, 사치스러운 폐단을 먼저 겨냥하라. 의리와 명분을 핑계 삼아 당파를 나누거나 생각이 다르다고 남을 몰아세워 함정에 빠뜨리는 일은 결코 해서는 안 된다.

벼슬을 마치면 그날로 고향으로 돌아가라. 아무리 절친한 친구나 뜻이 같은 이가 간절히 붙잡는다 해도, 그 말은 듣지 말라. 집에서는 책을 읽고 예법을 강론하며, 꽃을 가꾸고 채소를 심고 샘을 끌어 연못을 만들고, 돌을 쌓아 산을 이루는 조용한 삶을 살아라.

혹 다시 지방 수령으로 부임하게 되면 자애롭고 청렴하며, 결백하게 행정하라. 백성과 아전이 모두 편안하게 느끼게 하라.

혹시 나라에 큰일이 생기거든 목숨을 아끼지 말고 충성을 다하라. 그리하면 어찌 임금이 너를 존경하지 않겠는가. 이미 존경하였다면, 어찌 믿지 않겠는가.

그러나 관중을 대하던 제나라 환공이나, 제갈량을 신임하던 촉나라의 유비처럼 임금과 신하가 하나 되어 큰 뜻을 펼치는 일은 천 년에 한둘 있을 뿐이다. 그런 시대와 그런 임금을 내가 어찌 바라겠느냐. 조정의 공신이나 왕족 자제들이 왕의 심복을 자처하며, 가신이나 자식처럼 길러져 피할 길 없이 왕의 곁을 맴도는 처지는 신하로서 가장 불행한 운명이다. 그런 처지를 스스로 바라서 구해서는 안 된다.

경오년(1810), 처서(음력 7월 5일)
다산초당 동암에서 쓰다

비밀을 만들지 말아라
―둘째 아들에게 보낸 편지

형의 그늘에 가려진 정학유

정학유(丁學游, 1786~1855)는 다산의 둘째 아들로 자는 치구(穉求), 호는 운포(芸逋)이다. 어릴 적 이름은 문장(文牂), 초명은 학포(學圃)였다. 그의 생애는 형 정학연에 비해 오랫동안 상대적으로 그늘에 가려져 있었다.

1801년, 부친이 강진으로 유배되자 겨우 열다섯 살이던 정학유는 깊은 충격을 받고 방황했다. 유배 초기 다산이 아들들에게 보낸 편지에는 특히 둘째 아들을 향한 염려가 자주 드러난다. 사춘기 나이에다 성정까지 여려, 아버지의 부재를 감당하기 어려웠던 듯하다.

정학유는 형과 달리 학문보다는 문예적 감수성이 돋보였다. 문장과 그림, 서정적인 글에 재능을 보였으며, 그 기질은 평생을 관통했다. 1808년 스물세 살 되던 해, 8년 만에 처음 아버지를 찾아

강진으로 내려와 1810년 2월까지 근 2년 가까이 다산초당에서 머물며 부친의 곁을 지켰다. 1809년 2월에는 작은아버지 정약전을 만나기 위해 흑산도를 찾아가기도 했다. 그 뒤로 부친의 해배가 번번이 좌절되는 모습을 지켜보며 점차 세상과 거리를 두었다. 아버지 다산이 해배된 뒤에도 복권이 이루어지지 않자, 그는 벼슬이나 명예보다 가족과 글, 그리고 고요한 일상에 마음을 두며 눈에 띄지 않는 삶을 살았다. 1810년, 해배가 무산되자 다산은 장남 학연에 이어 둘째 학유에게도 장문의 편지를 띄웠다.

학유 보아라

사람이 살아가면서 반드시 지녀야 할 덕목은 세 가지다. 어짊(仁), 지혜(智), 그리고 용기(勇)다. 그 가운데서도 젊은 너에게 가장 먼저 필요한 것은 용기다. 성현 또한 용기를 바탕으로 세상을 밝히고, 천지의 도리를 실천할 수 있었다. 아는 것에 머물고 실천하지 않으면 그 지식은 결국 헛것이 된다. 옳다고 믿는 바를 끝까지 밀고 나아가는 힘, 그것이 곧 용기다.

공자께서도 말씀하셨다.

"순임금이 어찌 특별한 인물이었겠는가. 다만 실천하고자 한 사람일 뿐이다."

성인이 된 까닭은 남보다 뛰어나서가 아니라, 마땅히 해야 할 일을 두려움 없이 행했기 때문이다. 너 또한 그러하다. 마음을 굳게 세우고 옳은 일이라면 비록 힘겨울지라도 물러서지 말아야 한다.

네가 무엇을 이루고자 한다면, 반드시 먼저 뜻을 세워야 한다. 나라를 다스리는 경제의 도를 이루려는 사람은 이렇게 말한다.

"주공이 어찌 특별한 인물이었겠는가? 나도 마음을 다지고 부단히 힘쓴다면, 마침내 그처럼 될 수 있지 않겠는가."

글로 이름을 떨치려는 사람은 이렇게 다짐한다.

"유향과 한유도 결국 뜻을 세우고 글에 정성을 기울인 이들이다. 나 또한 노력한다면 그 길에 이를 수 있으리라."

서예를 잘하고자 하는 사람도 이렇게 말한다.

"왕희지와 왕헌지 또한 두 손을 가진 인간일 뿐이다. 나라고 못할 까닭이 어디 있겠는가."

재산을 모으고자 하는 사람 또한 마찬가지다.

"도주공이나 의돈도 본디 보통 사람이었다. 나도 마음을 굳게 먹고 한걸음씩 나아간다면 반드시 이루리라."

이처럼 무엇이든 한 가지 뜻을 세우고 그에 맞는 인물을 마음에 새기면, 그 사람을 본받아 닿을 때까지 물러서지 않게 된다. 바로 이 마음이 용기요, 이것이야말로 사람이 지녀야 할 귀한 덕이다.

약전 둘째 형님은 나를 가장 잘 아는 지기(知己)였다. 그 형님이 어느 날 내게 이렇게 말한 적이 있다.

"내 동생에게는 뚜렷한 결함이 없으나, 그릇이 작은 것이 늘 마음에 걸리네."

나도 너의 어머니와 마음을 나눈 부부였기에 이렇게 말한 적이 있다.
"부인에게는 큰 허물은 없지만, 도량이 좁은 것이 아쉽구려."
너는 나와 네 어머니의 피를 함께 이어받았다. 그런 네가 큰 산과 넓은 호수를 품을 만한 그릇을 타고났다고는 차마 할 수 없지 않겠느냐. 인정해야 할 것은 인정해야 한다. 하지만 내가 오늘 너에게 당부하고자 하는 것은 그보다 더 절실하다. 지금 너의 도량은 우리 두 사람보다도 더 좁다. 그릇이 작으면 마음이 쉽게 상하고 사람을 넓게 품지 못하며 큰일을 맡기 어렵다. 나는 그것이 걱정이다. 너는 누구보다 총명하고 성실하니, 이 점만 고친다면 앞길이 밝을 것이다.
아무리 날랜 준마라 하여도 부엌문을 훌쩍 뛰어넘는 일은 드물다. 그릇이 작으면 아무리 재주가 뛰어나도 스스로 길을 막게 된다. 먼지 한 톨조차 담지 못할 만큼 마음이 좁다면, 어찌 세상의 온갖 사람과 일을 품을 수 있겠느냐. 큰 바다와 같은 도량이 되어야만, 무엇이든 끌어안고도 넘치지 않을 수 있다.
도량의 근본은 용서에 있다. 남을 용서할 줄 아는 사람이 넓은 그릇을 지닌 사람이다. 잘못을 하나하나 따지고 미워하기만 한다면, 정작 그 사람의 장점은 보지 못하게 된다. 도둑질하는 자나 길에서 구르는 자도 사정을 헤아려 품을 수 있어야 한다. 하물며 그보다 덜한 잘못을 지닌 이를 어찌 용서하지 못하겠느냐.

옛 성왕들은 사람을 쓰는 지혜를 지녔다. 눈먼 자에게 음악을 맡기고, 절름발이에게 문을 지키게 하며, 내시에게 궁궐 출입을 맡겼다. 몸이 불편한 자도 재능에 맞게 쓰면 모두 쓸모가 있게 마련이다. 이는 깊이 새기고 본받아야 할 일이다. 우리 집에도 하인 하나가 있었는데, 너희 형제는 늘 말하곤 했다.

"힘이 약해서 일을 못 합니다."

그 말은 난쟁이에게 산을 들라 하는 것과 같다. 그에게 맞는 일을 맡기면 될 일을 무리한 기대를 하고 꾸짖으니 어찌 도리에 맞겠느냐.

집안을 다스리는 데에는 위로는 바깥주인과 안주인부터 남자·여자·어른·아이·형제·며느리와 손자에 이르기까지, 아래로는 하인들까지 모두 제 몫을 맡아야 한다. 다섯 살이 넘으면 그에 맞는 일을 맡겨야 한다. 누구 하나라도 빈둥거리게 두어선 안 된다. 이런 살림살이의 원칙만 지켜도 아무리 가난하고 힘든 형편이라 해도 궁핍하지 않다. 집안이 저절로 돌아가고, 사람의 마음도 제자리를 찾게 된다.

내가 예전에 장기에 머물렀을 때의 일이다. 성씨 성을 가진 어떤 집안이 있었는데, 다섯 살 난 손녀는 마당에서 솔개를 쫓고, 일곱 살 된 아이는 작은 부채를 들고 참새를 쫓았다. 그 집안에서는 남녀노소 할 것 없이 누구나 맡은 일이 있었다. 나는 그 모습을 보고 마음속으로 크게 감탄하며, 본받을 만한 살림이라 여겼다.

또 다른 집에서는 노인은 새끼줄을 꼬고, 할머니는 하루도 거르지 않고 실을 감았다. 심지어 이웃집에 다녀올 때조차 실타래를 손에 꼭 쥐고 있었다. 그처럼 모두가 제 몫을 다하는 집은 으레 먹을 것이 넉넉하고 궁핍한 날이 없었다.

한편, 이런 집도 있었다. 둘째 아들이 재산을 물려받기 전이었는데, 밭을 일구고 과수원을 가꾸는 일에는 전혀 마음을 두지 않았다. 그의 속마음은 아마 이랬을 것이다.

"언젠가 내 몫의 땅을 따로 받을 테니, 그때 가서 힘써 가꾸면 되겠지."

그러나 그는 알지 못했다. 그런 생각은 단순히 게으름에서 비롯된 것이 아니라, 바로 그 사람의 성품에서 비롯된다는 사실을 말이다. 형의 밭이라고 정성을 다하지 못하는 자가 자기 밭을 받는다고 해서 달라질 리 없다. 너도 보았을 것이다. 내가 다산초당에서 연못을 고치고 정자를 세우며 밭과 텃밭을 돌볼 때, 어느 하나 소홀히 하지 않았던 모습을 말이다. 그것은 내 소유가 될 것을 바라서 한 일이 아니었다. 자손에게 유산으로 남기려는 것도 아니었다. 다만 그 일이 내 마음에 기쁨을 주었고 성실히 응답하는 삶이 곧 나의 도리였기 때문이다.

배불리 먹으면 살이 찌고, 굶으면 야위는 것, 이는 짐승의 이치다. 사람도 크게 다르지 않다. 오늘 일이 뜻대로 되지 않으면 눈물을 흘리고 내일 조금 나아지면 금세 웃는다. 기쁨과 슬픔, 성냄과 미움, 사랑과 괴로움이 아침저녁으로 오락가락하니 어찌 짐승의 반응과 다르다 하겠는가. 스스로를 돌아볼 줄 아는 사람이라면, 이런 모습을 보고 어찌 안타깝지 않겠는가.

그렇다고 해서 지나치게 높이 떠 있는 것도 병이다. 소동파가 말했듯, "세속의 눈은 너무 낮고, 하늘의 눈은 너무 높다." 모든 것을 잊고 초탈하려 하며, 노인이나 아이의 죽음을 다 같다고 여기고 눈 하나 깜짝하지 않는 마음은 지나치게 높아진 병에 불과하다. 사람은 이치를 알아야 한다. 아침 햇볕을 먼저 받은 이는 저녁 그늘도 먼저 마주한다. 일찍 핀 꽃이 먼저 시드는 법이다. 그러니 눈앞의 영화에 도취해서도, 하루의 불운에 낙담해서도 안 된다.

세상일이 그러하니, 큰 뜻을 품은 자는 잠시 겪는 불행이나 실패에 마음이 꺾여서는 안 된다. 사내 된 자의 가슴속에는 언제나 가을 하늘을 향해 날아오르는 매처럼 높은 기상이 있어야 한다. 세상을 작게 보고, 우주를 손바닥에 담을 듯한 기백을 지녀야 한다. 그래야 비로소 사람답게 산다 할 수 있다.

나 또한 스무 살 무렵에는 세상과 하늘 아래 모든 일을 한꺼번에 바로잡고 모두 정돈하고 싶었다. 그 뜻은 서른이 되고 마흔이 되어도 줄지 않았다. 그러나 세월이 흐르고 온갖 풍상을 겪으면서 내 마음도 달라졌다. 백성의 나라를 떠받치는 토지 제도, 관제, 군제, 재정과 세금 같은 일들은 이제 더 이상 마음에 담아두지 않게 되었단다.

다만 경전과 그 주석 속에 숨어 있는 오류를 고치고 바르게 돌려놓는 일, 그것만큼은 여전히 내 안에 남아 있었다. 그러나 풍비(風痺)로 몸이 약해지고 기운도 전 같지 않으니 그 뜻마저 점점 사그라지고 있다. 그럼에도 신기하게도 정신이 번쩍 드는 순간이 있다. 한가히 이야기를 나누다가도 옛 불길이 불쑥 살아나 활활 타오르기도 한다.

사람이 무언가를 정말 하지 않으려면 애초에 손대지 말아야 하고, 남에게 들키고 싶지 않다면 애초에 말하지 말아야 한다. 이 말이 뜻하는 바는 나이 들면서 스스로 알게 될 것이다. 지금 내가 너에게 들려줄 이 두 마디 말은 평생 가슴에 새기고 늘 되뇌어온 것이다. 위로는 하늘을 섬기고, 아래로는 집안을 지키는 데 이르기까지 통하지 않는 곳이 없었다. 세상의 재앙과 근심, 환난과 참극, 심지어 하늘이 무너질 듯한 파국이나 사람을 죽이고 집안을 무너뜨리는 죄악조차도 그 뿌리를 따져보면, '비밀'에서 비롯되는 경우가 많았다. 그러니 무슨 일을 하든, 무슨 말을 하든 스스로를 경계해야 한다. 경솔한 말과 가벼운 행동은 단 한순간에 삶을 무너뜨릴 수 있다. 말 한 마디, 글 한 줄이 평생을 좌우한다.

나는 열흘쯤 지나면 방 안의 글과 문서를 훑어본다. 산만하거나 눈에 거슬리는 글은 하나씩 골라내어 정리한다. 정말 해롭다고 여겨지는 글은 가차 없이 불살라 없애고, 다소 거슬리는 것은 묶어두거나 허물어진 벽을 메우거나 서류함을 만드는 데 쓴다. 이렇게 해야 정신이 맑아지고 마음이 비워진다. 편지 하나를 쓰더라도 두세 번은 반드시 다시 읽어보고, 그때마다 마음속으로 자문한다.

"이 편지가 훗날 큰길에 떨어져 원수가 주워 보더라도 걱정스럽지 않겠는가?"

"내 글이 수백 년 뒤 혜안 높은 이들의 눈에 띄더라도 비난 받지 않겠는가?"

이 두 물음 앞에서 마음이 떳떳해야만 비로소 봉투에 넣고 봉인을 한다. 이것이 바로 군자가 글을 쓰는 자세다.

젊은 시절 나는 글을 빨리 쓰고 글씨 쓰기를 즐기다 보니 이 조심스러움을 잊곤 했다. 그러나 세월이 흐르고, 세상과 부딪히며 여러 화를 겪으면서 이 원칙을 저절로 지키게 되었고, 그 덕분에 많은 것을 얻었다. 그러니 너는 이 말을 결코 흘려듣지 말고 반드시 마음속 깊이 새기거라.

경오년 이른 봄, 다산초당 동헌에서
아버지가

입장이 다른 사람과
우정을 유지하는 법

당파와 나이를 뛰어넘은 우정

강진 바닷가에서 다산은 고요했으나 외로웠다. 벼슬도 명예도 내려놓은 채 초당에 칩거하며 글을 짓고 책을 읽었지만, 마음 깊은 사유를 함께 나눌 벗이 그리웠다. 유배가 길어질수록 그의 생각은 더욱 맑고 깊어졌으나, 그 깊이를 공명해줄 이는 좀처럼 나타나지 않았다.

그런 그에게 문산(文山) 이재의(李載毅, 1772~1839)는 뜻밖의 선물처럼 다가왔다. 1814년, 다산이 《맹자요의(孟子要義)》에 몰두하고 있을 무렵, 이재의가 강진으로 그를 찾아온 것이다. 이 만남은 조선 후기 경학사에 길이 남을 지적 충돌이자 깊은 우정의 시작이었다.

이재의가 다산보다 열 살이나 어린 데다가 서로 당색도 달랐지만, 두 사람은 오래된 벗처럼 마음을 주고받았다. 이재의는 벼슬길에 연연하지 않고 학문에 몰두한 인물이었다. 주역에 능하고 시와 문장에도 뛰어났으며, 명승고적을 찾아다니며 읊은 시만 900수에 이르렀다. 그의 삶에서 학문은 곧 존재였고, 유람은 곧 사색이었다.

이재의는 성리학의 정통을 자처하던 노론 명문 가문 출신으로, 한원진(韓元震)의 유풍을 이은 성담 송환기(性潭 宋煥箕: 1729~1807)의 제자였으며, 도암 이재(陶庵 李縡: 1680~1746)의 학맥을 계승한 근재 박윤원(近齋 朴胤源: 1734~1799)에게도 배웠다. 성호 이익의 학문을 계승한 남인 계열의 다산과 한원진의 유풍을 잇는 노론 명문가 출신의 문산 이재의. 당색만 따지면 다산과 문산은 서로 어울리기 어려운 사이였다. 그러나 문산은 당파나 학맥에 얽매이지 않는 개방적 기질을 지닌 선비였고, 바로 그 태도가 유배라는 폐쇄된 시공간에서도 참된 만남을 가능케 했다.

다산 정약용과 문산 이재의는 세도가가 권력을 독점하던 19세기 전반, 노론과 남인이라는 당색의 벽을 넘어 진심으로 서로를 마주했다. 두 사람의 우정은 이해관계를 초월해 사유와 인격으로 맺은 교감이었다. 흉금을 터놓고 나눈 그 교유는 조선 후기 지성사에서 보기 드문 만남으로 남게 되었다.

다산과 문산의 첫 만남

강진 유배지에 머문 지 13년째 되던 1814년 봄날, 느닷없이 문산 이재의가 백련사로 다산을 찾아왔다. 아들 이종영이 1812년 영암군수로 임명되자 이듬해 여름 전라도로 이거한 이재의는 다산이 강진에 있다는 소식을 듣고 일부러 길을 낸 것이었다.

첫 만남부터 두 사람은 서로에게 깊이 끌렸다. 백련사의 고즈넉한 뜰을 함께 걸으며 학문, 시, 인간과 세상의 본질에 대해 이야기를 나눴다. 유배의 고통 한가운데서도 다산의 학문은 한 줄도 흐트러지지 않았다. 문산은 그 조용한 단단함 앞에서 마음이 숙연해졌다. 서로 다른 궤적을 그려온 두 학자가 운명처럼 한 지점에서 마주한 순간이었다.

이후 두 사람은 편지와 시를 주고받으며 학문적 동반자로 성장해 나갔다. 다산이 해배되어 고향으로 돌아온 뒤에도 두 사람의 교유는 20년 가까이 지속되었다. 문산은 해마다 여유당을 찾아와 다산과 마주 앉았다. 당파의 벽을 넘어선 예외적이고 숭고한 우정이었다.

《맹자》 해석을 두고 벌인 논쟁

1814년 즈음, 강진 유배지에서 다산은 《맹자요의(孟子要義)》 집필에 전념하고 있었다. 오랜 고독 속에서 숙성된 사유는 어느새 한계와 경계를 넘어서고 있었다. 그는 유학 고전을 실사구시(實事求是)의 눈으로 다시 읽어내고자 했다. 《맹자요의》는 《맹자》를 해설하거나 요약하는 데 그친 책이 아니었다. 주자의 권위를 뛰어넘어 맹자 사상을 새롭게 해석하고, 조선의 현실에 맞게 체계화하려는 치열한 지적 모험이었다. 바로 그 시기에 운명처럼 문산 이재의와 마주했다.

다산은 주자 성리학의 해석을 절대화하던 당대의 학풍 속에서 주자의 주석을 넘어서는 새로운 해석을 시도했다. 예를 들어, 종래 '사단(四端)'에 대한 해석은 맹자가 성선설의 근거로 제시한 네 가지 본성, 즉 '딱하고 가엾게 여기는 마음(측은지심), 부끄러워하고 미워하는 마음(수오지심), 물러나서 양보하는 마음(사양지심), 옳음과 그름을 가리는 마음(시비지심)'을 말하며, 이 네 가지 마음은 인간이라면 마땅히 행해야 할 네 가지 덕인 '인의예지(仁義禮智)'의 실마리가 된다고 보았다. 그러나 다산은 '사단'은 인간의 본성에서 저절로 솟아나는 도덕적 감정이 아니라, 실천을 통해 드러나는 도덕 행위의 실마리로 보았다. 인·의·예·지는 선천적으로 얻어지는 인간의 덕성이 아니라, 실천적 결과로 완성되는 성숙한 품성이라는 해석이다. 이는 곧 주자학의 성선설과 근본적으로 어긋나는 입장이었다.

이에 반해 문산 이재의는 주자학의 해석을 엄정히 고수하는 정통 노론 학자였다. 그는 원문의 뜻을 존중하며 전통의 맥을 이어가는 일이 학문이라 여겼다. 그럼에도 문산은 다산의 파격적인 해석을 억지스런 궤변이라 단정하지 않았다. 그는 다른 입장을 견지하면서도 다산의 깊은 독서와 철저한 고증, 그리고 현실을 향한 절박한 문제의식 앞에서 진심으로 경의를 표했다.

다산 역시 문산을 반론자나 교조주의자로만 보지 않았다. 그는 문산을 진리를 좇아 고뇌하는 학자, 이견을 존중하면서도 자신의 신념을 굽히지 않는 동반자로 받아들였다. 두 사람은 맹자의 '사단(四端)'과 '성(性)'이라는 핵심 쟁점을 두고 여러 차례 편지를 주고받으며 치열한 학문적 논쟁을 벌였다. 그 과정을 통해 두 사람의 사유는 더욱 정련(精練)되고 단단하게 응축되었다.

다산에게 문산과의 논쟁은 자신의 사유를 비춰보는 엄정한 거울이자, 《맹자》를 동시대의 언어로 옮겨내는 데 필요한 최종 관문이었다. 이 지적 시련을 거쳐 마침내 《맹자요의》가 세상에 나왔다. 그 한 줄 한 줄에는 문산과 주고받은 지적인 교감의 흔적이 짙게 배어 있다.

끝없는 논쟁 속에 싹트는 우정

다산은 문산에게 보내는 편지에서 이렇게 썼다.

"마음을 비우고 완도 관음굴에 함께 들어가 밤새 토론한다면, 그제야 모든 의혹이 해소될 것입니다."

짧은 문장이지만, 두 사람의 논의가 얼마나 치열했고, 얼마나 깊은 신뢰를 바탕으로 이루어졌는지 단적으로 보여준다. 이처럼 두 사람은 생각은 달랐으나 마음은 통했다. 주자학과 실학, 전통과 개혁이라는 두 흐름은 다산초당과 백련사의 고요한 뜰에서 부딪히면서도 때로는 나란히 손을 맞잡고 흘러갔다. 논쟁은 학문적 거리를 벌리기보다 오히려 우정을 단단히 여미는 계기가 되었다.

다산은 처음 문산과 논쟁을 벌일 때 경전 연구에 임하는 자신의 입장을 분명히 밝혔다. 그는 성인의 말씀이라도 무비판적으로 받아들이지 않고, 끊임없이 묻고 따지며 자신의 논리를 세워왔다. 이것은 평생을 관통한 다산 학문의 준칙이자 정신이었다.

치열한 문답은 곧 마음의 교유로 이어졌다. 두 사람이 주고받은 편지는 수십 장에 달하는 논문처럼 철학적 논의를 품고 있었다. 이 문답은 세 해 가까이 이어졌고, 훗날 이들이 나눈 대화는 《이산창화집(二山唱和集)》으로 엮였다. 그 속에는 주자의 논리를 따르려는 문산과 다산의 사유가 어디서 갈라지고 어떻게 충돌하며, 또 어떤 지점에서 공명하는지가 고스란히 담겨 있다.

두 사람은 끝내 서로를 설득하지는 못했다. 그러나 논박 속에서도 다투지 않았고, 이견 속에서도 끝내 마음의 지평을 함께 넓혀갔다. 그것이야말로 진정한 교유이자, 학문을 매개로 싹튼 우정이었다. 늦은 나이에 시작되어 끝까지 이어진 이 인연은, 오늘날에도 깊은 울림과 사유의 흔적을 남기고 있다.

벗이 찾아오니 기쁨을 이기지 못해

1818년 다산이 해배되어 고향 마재로 돌아온 뒤에도 문산 이재의는 여유당을 잊지 않고 찾았다. 다산은 그가 마당에 들어서기라도 하면 버선발로 달려나갈 만큼 반겼다. 학문을 넘어선 우정, 그것은 다산의 노년을 지탱하는 큰 힘이었다.

1823년 봄, 문산은 양평을 거쳐 마재에 들러 며칠 머물렀다. 두 사람은 경서를 함께 읽고 옛 시를 음미하며 늙은 나이까지 이어진 우정을 되새겼다. 무심한 일상도 그 며칠 동안만큼은 청년 시절처럼 들뜨고 환했다. 이듬해 1824년에는 손자의 혼사로 떠난 춘천·곡운 유람길에 문산이 동행하여 북한강 물길 위에서 다시 담론을 이어갔다.

1831년 가을, 일흔이 넘은 다산은 다시 찾아온 문산을 맞으며 기쁨을 감추지 못했다. 다산은 이 감격을 담아 곧바로 〈문산 이진사가 찾아오니 기쁨을 이기지 못해(喜文山李進士至)〉라는 제목의 시를 지으며, 재회의 순간을 노래했다.

집 앞 정자 시든 버들에 저녁 매미 울어대고	津亭衰柳暮蟬聲
매번 해가 지면 늘 그대 오기를 기다렸다네	每到斜陽待子行
밝은 달은 지나갔으니 비가 온들 어떠하리	好月旣過何害雨
귀한 손 막 왔으니 날이 개기 바라겠는가	嘉賓纔稅不求晴
이 몸은 이제 다 타버린 짧은 촛불 같고	身如短燭唯餘炧
글은 마치 끝맺지 못한 바둑판 같다네	書似殘棋未了枰

은혜를 갚는
가장 좋은 방법

돌처럼 살 것인가, 흙처럼 살 것인가

다산 정약용은 강진 유배 시절, 다산초당에 머물며 짧은 산문 〈산재냉화(山齋冷話)〉를 남겼다. 그 글에는 세상을 바라보는 날카로운 시선과 인생을 향한 담담한 성찰이 담겨 있다. 다산은 이 글에서 스스로를 '철마산초(鐵馬山樵)', 곧 고향 철마산의 나무꾼이라 칭하며 옛 선비의 담백한 어조로 삶의 이치를 풀어냈다.

다산이 질문을 던진 주제는 '은혜'였다. 은혜를 어떻게 받아들이고, 어떻게 되갚아야 하는가. 그 물음은 흔한 훈계가 아니라, 관계와 책임을 다시 돌아보게 하는 조용한 성찰이었다.

"은혜를 받고도 보답하지 않는 사람은 옛사람이 말한 '비 오는 날의 돌'과 같다."

짧은 문장이지만, 풍자이자 잠언이며 동시에 뼈아픈 자기 성찰이었다. 비가 내리면 흙은 물기를 머금어 생명을 틔운다. 그 생명은 뿌리를 내리고 줄기를 세우며 잎을 펼쳐 열매를 맺는다. 흙은 받은 것을 되돌려주는 방식으로 은혜에 응답한다. 그러나 돌은 다르다. 빗물이 닿아도 그저 표면의 먼지만 씻어낼 뿐, 아무것도 머금지 못한 채 물을 흘려보낸다. 감응도 없고 변화도 없으며 결국 생명을 길러내지 못한다.

다산이 던진 이 비유는 비유가 아닌, 하나의 물음이다. 은혜를 받았다면 그것을 품고 다시 누군가에게 흘려보내야 한다. 그것이 흙처럼 사는 길이다. 반대로 돌처럼 자기만 깨끗해지면 된다는 태도, 공동체와 단절된 자기 보존은 결국 메마른 삶일 뿐이다.

그는 우리에게 묻는다.

"우리는 지금 돌처럼 살고 있는가, 흙처럼 살아가고 있는가?"

은혜, 타인의 고통 속으로 들어가는 연대

다산에게 은혜란 물질적 베풂이나 일시적인 친절이 아니었다. 그가 생각하는 은혜는 생사의 경계에 선 이에게 내미는 따뜻한 손길이자 세상의 가장 어두운 구석을 밝히는 희망이었다. 다산이 바라본 보은의 세계는 언제나 구체적이고 현실에 닿아 있었다. 인간의 고통과 외로움, 절망의 한가운데서 진정한 은혜가 피어난다고 보았다.

다산이 말한 은혜는 밥 한 끼를 건네거나 잠시 위로하는 데 머물지 않는다. 힘겨운 상황에 처한 이의 사정을 헤아리고, 병든 자의 고통에 귀 기울이며, 생계를 놓아버린 이를 다시 일으켜 세우고, 슬픔에 잠긴 이의 곁을 묵묵히 지키는 일. 나아가 죽음의 문턱에서 누군가를 붙잡아 되돌리는 일까지, 다산이 생각하는 은혜는 실존의 위기에 처한 사람을 다시 삶으로 이끄는 힘이었다.

무엇보다 그는 세상 사람들이 외면하는 이를 기꺼이 끌어안는 마음을 삶의 가장 귀한 덕목으로 여겼다. 냄새난다고 코를 막고, 수치스럽다고 눈길조차 주지 않는 사람들 가운데서 다산은 조용히, 그러나 단호히 다가섰다. 오물에 찌든 몸을 씻기고 멸시받는 이의 손을 잡아 일으키는 것은 단지 연민이 아니라, 자신을 더럽히는 일조차 마다하지 않는 희생이었다. 곧 타인의 고통 속으로 기꺼이 들어가는 연대였다.

다산은 그런 삶을 실천한 이들을 떠올리며, 그것이야말로 가장 고귀한 은혜라고 말했다. 그저 돕는 손길이 아니라 생명을 살리는 손길. 그 하나의 손길이 무너진 삶을 일으켜 세우고, 잊힌 존재를 다시 사람답게 만드는 힘이라고 그는 믿었다.

참된 보은이란 무엇인가

그렇다면 그 은혜에 우리는 어떻게 보답해야 할까. 받은 만큼 되돌려주는 것으로 충분할까. 다산의 대답은 단호하다. 참된 보은(報恩)은 돈이나 물건, 봉사나 노동으로 대신할 수 없다. 은혜를 베푼 이의 뜻을 이어받아 그 정신을 삶으로 계승하는 일, 그것이야말로 진정한 보답이다.

다산은 《마과회통》 서문에서 이몽수(李蒙叟)의 은혜를 예로 들었다. 이몽수는 벼슬에 오르지 못했지만 평생 마진(痲疹, 천연두) 치료법을 연구하여 수많은 아이의 목숨을 살렸고, 다산도 어린 시절 그 덕으로 살아났다. 다산은 그 은혜에 감사하는 데 그치지 않았다. 이몽수의 연구를 이어받아 중국과 조선의 여러 의서를 검토하고, 처방을 체계적으로 정리해 《마과회통》을 완성했다. "몽수가 살아 있다면 기쁘게 웃었을 것"이라 말한 다산의 회고에는 받은 은혜를 실천으로 갚고자 하는 그의 태도가 담겨 있다.

또한 다산은 보은의 여러 길을 언급했다. 재물을 갚거나, 몸을 써서 돕거나, 이름을 드날려주거나, 뒤를 돌보는 것도 다 보은이라 할 수 있다. 그러나 그는 무엇보다도 은혜를 준 이가 잘못된 길로 빠지지 않도록 일깨워주는 일이야말로 가장 깊은 보은이라 강조했다. 비도덕적이고 위태로운 길에서 벗어나게 붙드는 손길, 그것이 곧 충(忠)의 다른 이름이자 살아 있는 보답이었다.

더 나은 사람이 되려는 노력, 누군가를 일깨우는 말, 잘못된 길을 부드럽게 되돌리는 손길. 다산이 말한 보은은 "감사합니다"라는 말 한마디가 아니라, 누군가의 삶을 바꾸기 위해 자신의 삶을 내어놓는 실천이었다. 그 안에서 그는 인간의 본질을 보았다.

세상의 질서가 흔들리고 삶이 무너질 때, 이를 외면한 채 무감각하게 살아간다면 그것은 곧 회복의 기회를 스스로 버리는 일이다. 병이 드러나는데도 약을 거부하고 차라리 병에 몸을 맡기는 것과 다르지 않다. 다산은 이 지점을 무엇보다 중하게 여겼다. 진실한 보은이란, 위기 앞에서 자신을 되돌아보고 내면의 허물을 바로잡는 일이다. 감사 인사에 그치지 않고 은혜가 헛되지 않았음을 삶으로 증명하는 것, 그것이 참된 보답이었다.

사람은 누구나 잘못을 저지를 수 있고, 인생의 고비에서 길을 잃기도 한다. 그러나 더 무서운 것은 잘못을 알면서도 외면하여 길을 잃었다는 사실조차 인정하지 않으려는 태도다. 다산은 그 점을 경계하라고 했다. 의사의 침과 약이 쓰고 아프더라도 병을 고치려면 반드시 필요하듯, 삶을 바로잡기 위해선 고통스러운 각성과 단호한 노력이 불가피하다. 그런 노력 없이 다시 일어설 수는 없다고 그는 단언한다.

이 순간, 다산은 우리에게 묻는다.

"우리는 스스로를 정직하게 바라보고 있는가. 용기 있게 자신의 허물과 마주할 수 있는가."

세상이 왜곡한 성현의 가르침

다산은 《시경》의 한 구절을 꺼내 들었다.

"이미 밝고 지혜로워서 그 몸을 지킨다(既明且哲, 以保其身)."

원래 이 구절은, 지혜로운 사람이 도가 무너진 세상에서도 끝내 바른 삶을 지켜냈다는 뜻이었다. 그러나 후세 사람들은 이를 "밝고 지혜로운 자는 조심스레 몸을 보존한다"라는 식으로 오독하여 어지러운 세상을 외면하고 은둔하는 태도를 미덕으로 삼았다.

다산은 이와 같은 풀이가 무책임한 곡해임을 분명히 했다. 지혜는 도피가 아니다. 참된 밝음은 자신을 지키는 데 그치지 않고, 혼탁한 세상에서 바른길을 밝히는 데 있다. 받은 은혜를 자기 안에만 가두는 것이 아니라, 다시 세상으로 흘려보내는 것. 그 시작은 자기 자신을 정직하게 세우는 일이다.

다산은 《논어》 해석에 드러난 오독도 비판했다. 어쩌다 성현이 강조한 충(忠)의 뜻이 책임을 회피하는 핑계로 전락했는지 묻지 않을 수 없다며 한탄했다. 특히 《논어》〈공야장(公冶長)〉 편의 영무자(甯武子) 일화를 예로 들며, 후세 유학자들의 잘못된 해석이 세상을 병들게 했다고 꼬집었다. 영무자는 위(衛)나라의 대부(大夫)였던 영유(甯愈)를 가리킨다.

영무자가 섬기던 주군인 위나라 성공(成公)은 우매한 군주였다. 그는 외교상의 잘못으로 진(晉)나라 문공(文公)의 배척을 받아 쫓겨나는 신세가 되었다. 영무자는 거친 풀과 가시밭을 헤치고 비바람을 맞으며 고난을 마다하지 않고 성공의 곁을 지켰다. 마침내 성공이 다시 위나라에 돌아와 복위했을 때, 정사를 영무자가 아닌 공달(功達)에게 맡겼다. 서운할 법도 했지만, 영무자는 권력을 다투지 않고 조용히 물러났다.

공자는 영무자의 처신을 두고 이렇게 평했다.

"나라에 도가 없을 때 그는 어리석을 만큼 충심으로 몸을 바쳐 섬겼고, 나라에 도가 있을 때는 지혜를 발휘하여 스스로 물러났다."

그러나 후세 유학자들은 이를 "나라에 도가 있을 때는 참여하고, 없을 때는 물러난다"라는 처세의 논리로 곡해했다. 이는 영무자의 실제 행적도, 공자의 본뜻도 배반한 해석이었다. 다산은 성현의 가르침이 충성과 도의 정신이 아니라 세속적 계산의 근거로 전락한 현실을 깊이 탄식했다.

이익을 보면 의(義)를 생각하고 위험을 보면 목숨을 바치는 자를 공자는 성인(成人)이라 하였다. 또 공자는 "위태로울 때 붙잡아주지 않고,

넘어질 때 부축하지 않는다면 그 보좌관(相)은 무슨 소용이 있겠는 가?"라고 하였다. 맹인에게 '상(相, 보좌자)'이 있는 이유는, 그가 넘어지지 않게 붙들어주기 위함이다. 그 어디에도 공자가 몸을 온전히 지키라고 가르쳤다는 말은 들어본 적이 없다.

_〈산재냉화(山齋冷話)〉

다산은 다산초당에서 이 구절을 다시 새기며, 충성의 참된 의미를 곱씹었다. 진정한 보은과 충성이란 자기 몸을 지키는 데 있지 않다. 시대의 무게를 함께 짊어지고, 고통을 감수하며, 무너지는 질서를 붙들어 세우는 것, 그것이 은혜를 잊지 않는 길이라고 그는 믿었다. 다산에게 충성이란 안전한 거처에서 지켜내는 절개가 아니라, 불의 앞에서 몸을 던져 의리를 지키는 실천이었다.

3 ...

봄이 지나고, 계절이 몇 번을 더 돌았다.
18년 만에 돌아온 고향은 낯익으면서도 낯설었다.
눈에 밟히는 것들은 모두 추억이었고
지나온 날들은 물 위의 그림자처럼 아득했다.

그러나 돌아왔다고 끝은 아니었다.
책을 꺼내 다시 읽고
글을 쓰며 다시 묻기 시작했다.
이제는 누구를 위한 것이 아니라
자신을 위해 붓을 들었다.

삶의 끝자락에서, 다산은 다시 길을 묻는다.
나이 든다는 것, 남는다는 것
그리고 살아 있다는 것의 의미를.

어떻게 나이 들 것인가

— 진정한 자유로움

더 바랄 것이 무엇이랴

백발이 되어 마주친 또 한 번의 이별

1801년 신유박해 이후 장기를 거쳐 강진으로 유배된 다산은 하루하루가 돌처럼 쌓여 어느덧 백발이 성성한 노인이 되어 있었다.

늙은이 머리털은 이제 다 희어지고	老髮今垂白
한창 시절의 얼굴빛은 이미 시들었네	韶容舊謝靑
온 집안은 시골에 기대어 살고 있는데	全家依里社
고향 가는 꿈은 하늘 끝에 막혀 있구나	歸夢隔天廷

유배지에서 보낸 시간은 고요하면서도 강물처럼 흘러갔다. 적막을 가르는 닭 울음소리로 하루가 시작되었다. 낮에는 제자들과 글을 읽으며 마음을 다스렸다. 그사이 머리는 희어지고, 집안 소식은 바람결에 닿았다. 고향으로 돌아가는 꿈은 날마다 꾸었지만, 현실의 길은 좀처럼 열리지 않았다.

1818년 8월 22일, 해배(解配) 소식이 전해졌을 때 다산은 한동안 말을 잃었다. 기쁨이 물밀 듯이 밀려왔지만 마음은 복잡했다. 오랜 세월을 함께한 제자들과 익숙해진 강진의 산과 물이 발길을 붙잡았다. 그는 떠나기 전날까지 제자들의 앞날을 일일이 살피며, 조용히 작별을 준비했다.

다산은 강진을 떠나기 전, 양반 제자 열여덟 명, 중인 제자 여섯 명과 함께 '다신계(茶信契)'를 조직했다. 초의선사를 비롯한 만덕사의 승려들과는 '전등계(傳燈契)'를 맺어, 스승과 제자의 인연이 이어지기를 기약했다. 이는 함께 나눈 학문과 정을 다음 세대에 전하기 위한 다산만의 방식이었고, 유배지에서 맺은 사유의 씨앗을 뿌리는 일이었다.

다시 새로운 출발

마침내 다산은 남녘 땅을 뒤로하고 고향을 향해 길을 나섰다. 그는 길 위에서 수없이 되뇌었다. 이 삶이 무엇이었는지, 지난 세월이 자신에게 무엇을 남겼는지.

자신은 이제 더 이상 조정 관료도, 시대를 바로잡고자 애쓰는 젊은 개혁가도 아니었다. 이제는 자연에 깃든 한 사람의 은사(隱士), 산수의 품에 기대어 사는 늙은 학자일 뿐이었다. 그것은 물러남이 아니라 해방이었다. 젊은 날 그토록 바라던 세상의 개혁은 이루지 못했지만, 누구 눈치도 보지 않고 생각하고, 읽고 쓰며 살아갈 수 있는 길이 앞에 있었다.

다산이 마재로 돌아온 날은 1818년 음력 9월 14일, 정확히 18년

만이었다. 오랜 세월을 떠돌다 돌아온 고향 집에서 그는 마치 새로 태어난 사람처럼 살았다. 매일 한강가를 거닐며 떠오르는 햇살에 감응하고, 석양 아래 묵묵히 사색에 잠겼다. 하루의 절반은 독서와 사색으로, 나머지 절반은 집필과 편지 쓰기로 채워졌다. 육신은 늙었으나 정신은 오히려 맑고 분명했으며, 사유는 더욱 깊어졌다.

해배 이후 그는 강진에서 쌓은 사색을 바탕으로 여유당에서 저술을 정리하고 새로운 연구에 몰두했다. 강진에서 마치지 못했던 《매씨서평(梅氏書平)》을 개정·보완하고, 《아언각비(雅言覺非)》와 《사대고례산보(事大考例刪補)》를 완성했으며, 《상서(尙書)》의 의미를 다시 탐구했다. 회갑을 맞은 그는 자신의 생애를 돌아보며 〈자찬묘지명(自撰墓誌銘)〉을 남겼다. 그의 학문은 이제 경학과 경세가 하나로 이어졌다. 《매씨서평》과 《상서지원록》에서 경전의 본뜻을 바로잡으며 도덕과 제도의 근원을 탐구했고, 《경세유표》·《목민심서》·《흠흠신서》세 저서를 통해 현실을 개혁할 청사진을 제시했다. 그에게 학문은 더 이상 지식 탐구가 아니라 세상을 바로 세우는 실천의 길이었다.

고향에서 부르는 돌아온 자의 노래

마재로 돌아온 다산이 다시 마주한 풍경은 젊은 날의 그것과 달랐다. 세월은 강가의 모습마저 바꾸어놓았다. 익숙했던 고향이 오히려 낯설게 느껴졌다. 그러나 그는 그 낯섦 속에서도 변하지 않는 진리를 찾고자 했다. 그 마음은 어느 날 한 수의 시가 되어 잔잔한 강물 위로 흘러갔다.

그 옛날 맑던 강빛이	宿昔淸江色
해마다 사람을 불러내는구나	頻年思殺人
백사장은 물길 따라 사라졌고	沙磧隨漲變
고기잡이 길은 새로 생겼네	漁路傍厓新
옛일을 돌이키자 자취만 슬프고	顧眄悲陳跡
의기 잃은 이 몸이 더욱 애처롭구나	銷沈惜此身
못가에 우뚝 선 저 바위야	巋然潭上石
말년의 벗이 되어다오	投老汝相親

그의 시선은 고요한 강가에 머물렀으나, 마음은 지나온 세월을 더듬고 있었다. 다산은 이제 세속의 중심에서 멀어진 자리에서 자연과 고요를 벗 삼는 삶을 택했다. 떠날 때보다 깊어진 깨달음으로, 마재의 저녁 강산을 바라보며 노년의 시간을 조용히 채워갔다.

백번 죽을 고비를 넘기고 돌아왔건만, 실망스럽기 그지없고
百死歸來意惘然
지팡이에 의지한 채, 때때로 강가에 나서서 몸을 기대보네
枯筇時復倚江邊
누렇게 물든 잎새 한 줌, 고요한 마을엔 가을비가 내리고
一苞黃葉深村雨
비 그친 두세 산봉우리엔 석양빛이 아득히 걸려 있구나
數角晴巒落照天

강가의 거룻배 하나, 늙은 몸 실어 나르기에 넉넉하고
野艇定堪容老物

갈매기들과는 차라리 남은 생을 함께 지낼 수 있을 듯하네
沙鷗聊與作餘年

아아, 무릉에 돌아가 조상께 제사 드릴 날이 없으니
茂陵返祭嗟無日

꿈에 나타난 이는 이 흰머리 늙은이를 신선이라 여겼던가
夢告猶疑白髮仙

_〈동고에서 저녁 경치를 관망하다(東皐夕望)〉

이 시에는 벗을 잃고, 세상에서 자리를 잃고, 시간에서조차 멀어진 한 노학자의 내면이 담담하게 담겨 있다. 그 고요함 속에서 그는 삶의 마지막을 정돈하고 있었다. 모든 것을 잃은 듯 돌아왔으나, 바로 그 자리에서 인생의 가장 단단한 결실을 맺고 있었다.

가을이 깊어가는 계절, 젊은 날의 절반을 남도에 묻고, 백발이 되어 고향 땅을 다시 밟은 그 순간, 다산은 언덕에 올라 새벽 경치를 바라보며 다시금 시 한 수를 읊었다.

단풍잎에 솔솔 바람 부는 새벽에	黃葉颼颼曉
놀란 기러기 떼 날며 울부짖는다	驚鴻片片號
깊은 골짜기 배는 하늘에서 나오는 듯하고	峽船天上出
강 위의 해는 안개 속에서 높이 떠오른다	江日霧中高
고향 생각 간절하여 다시 본 것이 기쁘고	懷土欣重見

떠돌던 세월을 생각하니 지난 고생이 문득 스쳐간다	離家憶舊勞
이미 돌아온 자체가 즐거우니	旣云歸可樂
동쪽 언덕에서 휘파람을 불 까닭이 있겠는가	何必嘯東皐

_〈동고에서 새벽 경치를 관망하다(東皐曉望)〉

사암, 다가올 세대를 기다리다

〈동고요망(東皐曉望)〉은 귀향의 기쁨을 담고 있으되, 단순한 환희로만 읽히지 않는다. 고향 산천은 여전했으나 세월은 무심히 흘렀고, 그 사이 인생의 무게는 더욱 깊어져 있었다. 단풍잎 흩날리는 새벽의 정적 속에서 다산은 인생의 굽이굽이를 돌아보며, 다시 이 자리에 선 자신을 바라보았다. 협곡에서 배가 천상처럼 떠오르고 강 위로 안개를 뚫고 태양이 솟는 순간, 그는 깨달았다.

"이미 돌아온 것 자체가 즐거우니, 더 바랄 것이 무엇이랴. 동쪽 언덕에서 휘파람을 불 까닭이 있겠는가."

귀향은 정치적 복귀도 대의를 위한 귀환도 아니었다. 유배는 끝났으나 조정은 그를 다시 부르지 않았다. 다산 또한 기다리지 않았다. 그가 택한 것은 세상을 향한 길이 아니라, 자신을 향한 여정이었다. 사유와 글 속으로 들어가는 길, 그 길 위에서 그는 스스로를 사암(俟菴)이라 불렀다. 다가올 세대를 기다리는 집, 그 이름 속에 다산은 마지막 뜻을 남겼다.

다산이 강진과 마재 여유당에서 써 내려간 책은 오백여 권에 이르렀다. 그 속에는 학문과 정치, 인간과 세상을 향한 통찰이 응축되어 있었다. 세월이 흘러도 그의 시와 글은 여전히 살아 있으며,

사암이라 불린 한 노학자의 사유는 지금도 시대마다 새롭게 깨어 나고 있다.

노년에 하는
공부의 의미

마흔에 품은 연파조수의 꿈

말년에 다산은 당나라 시인 장지화(張志和)가 살았던 삶을 따르고자 염원했다. 장지화는 한때 당 황실의 학사를 지낸 촉망받는 인물이었으나, 세속의 명예와 관직이 얼마나 허망한지를 일찍이 깨달은 사람이었다. 모든 것을 내려놓고 강호로 들어간 그는, 물결 이는 호숫가와 안개 낀 강가에서 소박하고 자유로운 삶을 살았다. 장지화는 자신을 '연파조수(煙波釣叟)', 곧 '물안개 자욱한 강가에서 낚시를 즐기는 늙은이'라 불렀다. 물 위에 몸을 맡기고 낚싯대를 드리운 채, 자연의 흐름과 더불어 살아가는 삶. 그의 별호에는 이름보다 앞서는 삶의 향기와 자유의 기상이 고스란히 담겨 있다.

다산은 장지화의 삶에 깊이 공명했다. 오래도록 품어온 자유에 대한 동경이 바로 그 이름에서 선명하게 피어났다. 세상 속에서 글로 맞서 싸우고, 진실을 위해 고난을 견뎌온 다산이었기에 인생의 마지막은 조용히 낚시하는 노인의 이름에 기대고 싶었다. 아무 것도 강요하지 않고 억누르지 않는 삶. 자연 속에서 늙어가고, 강가에서 쉬며, 물고기와 시를 벗 삼는 하루. 그리하여 마침내 자신 또한 연파조수가 되기를 간절히 꿈꾸었다.

실제로 다산은 일찍이 마흔 무렵, 자신의 배에 걸 현판 글씨까지 미리 준비해 두었다. 그는 "초상연파조수지가(苕上煙波釣叟之家)", 곧 '물안개 낀 강가에서 낚시하는 늙은이의 집'이라는 글귀를 직접 써서, 정성껏 목판에 새겨 두었다. 그것은 언젠가 올지도 모를 그 날을 기다리며, 마음속에 미리 집을 지어 두는 일과 같았다. 그 판목은 하나의 굳건한 서원(誓願)이자 조용한 선언이었고, 헛된 세속의 삶을 마감하고 새로운 자유로 나아가기 위한 문턱이었다. 그간의 고단한 세월을 지탱한 힘은 권력도 부귀도 아닌, 단지 한 조각 현판 글귀와 마음속에 떠 있는 배 한 척이었다.

언젠가 그 배를 띄우는 날이 오면, 다산은 현판을 정중히 걸어두고 이렇게 말했을 것이다.

"이제야말로, 진정 내가 머물 곳을 찾았노라."

마흔에 결심했던 연파조수의 꿈은 곧장 현실에서 이루어지지 않았다. 그러나 물 위에 떠서 살고자 했던 다산의 염원은 해배 이후 춘천으로 향한 여행에서 잠시나마 실현되었다. 그 순간은 그의 노년 철학을 상징하는 한 장면으로 남았다. 물질의 풍요보다 삶의 진정한 의미를 좇고, 세속의 명예보다 마음의 평화를 따르는 사람. 다산은 바로 그러한 삶을 꿈꾸었으며 마침내 그런 삶을 온전히 살아냈다.

물 위에서 자니 일정한 거처가 없고	水宿無常處
배 매단 그곳이 바로 내 집이 되네	維舟卽有家
보리밭 사이 묵은 길로 들어서니	麥中荒徑入
느릅나무 아래 낮은 사립문이 비스듬히 열려 있네	楡下短扉斜
개 짓는 마을, 부엌엔 불빛이 아련하고	犬吠廚明火
누에가 기어오른 대자리엔 모래가 스며 있네	蠶登簟有沙
무엇 때문에 속세의 얽힘을 벗어났던가	何由去俗累
그저 이렇게 한 생을 보내려 함이로다	如是度生涯

〈또 강촌에서 자면서 지은 시(又宿江村詩)〉

북한강을 거슬러 춘천을 가다

1820년 3월, 예순을 바라보던 해였다. 맏형 정약현이 아들 학순의 혼례를 위해 춘천으로 향하자, 다산도 함께 길을 나섰다. 고기잡이배를 구해 안팎을 거처처럼 꾸미고, 배의 앞머리에는 직접 쓴 편액 '산수록재(山水綠齋)'를 걸었다. 좌우 기둥에는 '장지화가 초삽에 노닌 취미(張志和苕雪之趣)'와 '예원진이 호묘에 노닌 정취(倪元鎭湖泖之情)'라는 글귀를 나란히 붙였는데, 그 글씨는 오랜 벗 신작이 예서로 써준 것이었다.

그 배 위에서 다산은 마침내 자신이 꿈꾸던 삶의 형상을 보았다. 강물 위를 떠다니며 산수 속을 유람하고, 속세의 얽힘을 벗어나 자연과 더불어 사는 노년의 자화상 말이다. 그의 시 〈천우기행(穿牛紀行)〉에 그날의 정취가 고스란히 남아 있다.

지난해엔 황효수가에 머물더니	去歲黃驍水上人
올봄엔 다시 녹효수가에 이르렀네	綠驍水上又今春
평생의 소망은 늪 위의 외로운 조각배	一生湖泖扁舟願
남은 여생은 다만 한가한 은자가 되리	全把餘齡作逸民

그에게 배는 또 하나의 집이었다. 긴 세월 마음속에 지어온 자유의 거처이자 물 위의 안식처였다. 고요히 흐르는 강물 위에서 다산은 자신의 생을 조용히 내려놓았다. 그의 노년은 물 위에서 완성되었다. 흐름에 몸을 맡기되 뜻을 잃지 않는 삶, 그것이 다산이 마지막으로 도달한 자유였다.

배 한 척을 꾸미는 데에도 다산은 세심했다. 천막과 침구, 필기구와 서책은 물론, 약탕관과 다관, 밥솥과 국솥까지 빠짐없이 실었다. 며칠 동안 강 위에서 지내기 위해 필요한 물건들이었다. 아들 학연이 탄 배에는 '유어황효록효지간(游於黃驍綠驍之間)'이라는 편액이 걸렸다. 남한강의 황톳빛 물결[黃驍]과 북한강의 맑은 물결[綠驍]이 만나는 지점, 그 두 물줄기 사이를 오가며 유람한다는 뜻이었다. 이는 두 강을 하나의 흐름으로 아우르려는 다산의 의도를 담고 있다.

배의 기둥에는 '부가범택(浮家汎宅)'과 '수숙풍찬(水宿風餐)'이라 쓴 글귀가 붙었다. 물 위를 떠도는 집, 강가에 머물며 바람 속에서 끼니를 이어가는 삶을 뜻한다. 그 봄, 북한강 위에서 다산은 오랫동안 마음속에 그려온 강 위의 생활을 직접 체험하고 있었다.

예순 살 늙은이, 상심낙사의 길을 나서다

다산에게 춘천 여행은 곧 '상심낙사(賞心樂事)'의 길이었다. 아름다운 풍광을 감상하며 느끼는 지극한 기쁨. 첫 번째 춘천 행차에 맏형 정약현과 함께하니 그 기쁨은 더욱 깊었다. 그 순간, 흑산도에서 홀로 눈을 감은 둘째 형에 대한 그리움이 조용히 그의 마음을 적셨다.

예순 살 먹은 늙은이가 일흔 살 형을 따라	六十翁隨七十兄
작은 조각배를 타고 강을 오른다	瓜皮容易溯江行
해마다 이런 즐거움이야 어찌 적으랴만	年年此樂寧云少
연못가 봄풀 돋으니 그리움만 더하네	只是池塘草又生

봄풀 돋는 연못가 풍경을 보며 다산의 마음은 멀리 흑산도로 향했다. 함께 걸을 수 없는 이, 말을 건넬 수 없는 이. 자연의 생동 앞에서 그리움은 쉬이 가라앉지 않았다. 강물은 흘러가며 오래된 기억을 일으켜 세우고, 햇살은 그 빈자리를 더욱 또렷하게 비추었다.

다산이 정약전의 묘지명을 완성한 것은 첫 번째 춘천 기행을 다녀온 이듬해 1821년이었다. 강 위를 떠다니며 산천을 유람하는 동안에도 그는 둘째 형을 향한 문장을 마음속에서 다듬고 있었으리라. 상심낙사의 즐거움 속에도 형 정약전은 늘 그와 함께 있었고, 오랜 그리움은 마침내 한 편의 시 〈선중씨묘지명(先仲氏墓誌銘)〉으로 남았다.

인가(人家)가 총총하고	纍纍之叢

땅도 농사짓기에 알맞으니	地又宜耕
쟁기로 갈게 되면	犁刃攸觸
이 명(銘)이 먼저 드러나리	先獲我銘
이곳은 철인의 유골이 묻힌 곳이니	是固哲人之骨
드러나지도 더럽히지도 말라	毋暴毋瓔
일찍이 주공·공자를 사모하여	夙慕姬孔
우리와는 벗도 하지 않았으나	友不我與
비천한 무리와 교유하며	游乎祿祿
고관(高官)을 대하듯 하였도다	待以刀俎
조정에 들어갔으나	翱翔乎朝廷
막혀 서용되지 못하고	闕而弗敍
마침내 불운을 만나	遂遭顚躋
섬으로 유배되니	竄于海苦
정밀하고 슬기로운 지식을	精知慧識
묵묵히 마음 깊이 간직했도다	黙焉內斂
이곳이 선영의 땅이기에	是唯先人之域
멀리서 와 장사 지냈도다	遙遙來窆

자각과 갱생의 선언

다산은 첫 번째 춘천 여행에서 시집《천우기행권》을 남겼다. 이 시집의 마지막 시편〈협곡을 나오며[出峽]〉는 협곡을 벗어나며 마주한 풍경에 깊은 의미를 담고 있다. 어둡고 막힌 골짜기를 지나 탁 트인 하늘과 대지를 마주하는 그 순간, 그는 긴 유배와 좌절의 시간을 벗어나 다시 사유의 빛으로 나아가는 자신의 내면을 바라보고 있었다.

물리적 여정과 정신적 여정이 겹쳐지는 그 장면에서, 다산은 자신의 삶을 돌아보고 다시금 학문으로 나아갈 힘을 확인했다. 그러므로 〈협곡을 나오며〉는 단지 풍경 시가 아니라, 어둠에서 광명으로 옮겨 가는 자각과 갱생의 선언이었다.

협곡을 나오자 하늘과 땅이 웅대해지고	出峽乾坤大
배를 매는 곳엔 초목마저 숨을 죽인 듯 고요하다	維舟草木停
먼 봉우리엔 소나무가 검게 점을 찍고	遠峯松點黑
맑은 물가엔 인동초 잎이 푸르다	晴渚鷺絲靑
물 위로 와서는 또다시 되돌아가고	水上來還去
속세에 취해 깨어나지 못하는 삶이여	人間醉不醒
세태를 슬퍼한들 무슨 소용이랴	傷時竟何補
머리 희어지도록 경전을 갈고닦을 뿐	頭白且窮經

'머리 희어지도록 경전을 갈고닦을 뿐'이라는 마지막 구절은 세상에 나아가 일을 할 수 없는 무력감 속에서도 학문을 통해 세상의 이치를 밝히려는 늙은 선비의 결의를 드러낸다. 협곡을 빠져나오며 시야가 트이듯, 다산 역시 고난의 굴곡을 지나 사유의 지평을 넓혀가고 있었다. 그는 다시 학문으로 자신을 일으켜 세웠고, 그 순간 다산은 세속의 굴레를 벗어나 사유하는 자유인으로서 있었다.

도덕적 인간은
어떻게 가능한가

사마루의 주인, 신작과의 만남

해배된 지 1년이 지난 1819년 여름, 다산은 《흠흠신서(欽欽新書)》를 완성했다. 유배가 끝나기 직전 다산초당에서 《목민심서(牧民心書)》 초고를 마무리한 그는 해배 이후 모든 외연의 활동을 멈추고 책 탈고에 온 힘을 기울이고 있었다. 그해 한여름, 매미 울음이 가득한 날에 광주 사촌 석호정에 사는 석천 신작(石泉 申綽, 1760~1828)이 다산이 해배되었다는 소식을 듣고 여유당을 찾아왔다.

신작은 조선 후기 성리학의 거장 윤증(尹拯)의 문인이자, 강화학파의 시조 정제두(鄭齊斗)의 외증손으로, 부친 신대우(申大羽)의 학문을 이어 예학과 경학의 전통을 계승하고 있었다. 그는 쉰 살 무렵, 부친이 마련해둔 세거지인 광주 사촌으로 거처를 옮겨 선영을 지키며 세상과 거리를 두고 학문에 전념했다. 서재 '사마루(四磨樓)'에는 사천여 권의 장서가 빼곡히 꽂혀 있었고, 천여 권에 달하는 경서를 바탕으로 쌓아 올린 그의 가학(家學)은 '강화학(江華學)'이라 불리며 일가를 이루었다.

이번에는 다산이 강진 시절에 완성한 예학의 결실, 《상례사전(喪禮四箋)》과 《매씨상서평(梅氏尙書平)》을 들고 신작을 찾았다. 《상례사전》은 예(禮)를 천지의 정(情)으로 보고, 형식에 매인 상례(喪禮)의 폐단을 비판하며 그 본뜻을 되살린 예서였다.

다산은 《상례사전》 서문에서 "예란 천지의 정으로서, 성인이 다만 그것을 절제하고 문식(文飾)했을 뿐"이라고 하며, 후세의 예가 본뜻을 잃은 것을 개탄했다. 유배지 강진에서 얻은 여가를 "비로소 얻은 학문의 시간"이라 부르며, 밤낮으로 《예기(禮記)》와 사상례(士喪禮)를 교감해 고증한 끝에 '상의광(喪儀匡)', '상구정(喪具訂)', '상복상(喪服商)', '상기별(喪期別)' 네 편을 엮어 이를 《상례사전》이라 명명했다.

《매씨상서평》은 중국 고전 《상서(尙書)》가 동진(東晉)의 학자 매색(梅賾)에 의해 꾸며진 위작임을 고증하고 그 오류를 바로잡은 경학서였다. 다산은 경전의 진위를 가려 학문의 근본을 바로 세우고자 했으며, 예(禮)와 경(經), 제도와 진리의 두 축을 통해 세상의 질서를 새롭게 정립하려 했다.

《상례사전》과 《매씨상서평》에 담은 깊은 뜻을 온전히 알아 줄 이가 과연 누구일까. 다산은 그 질문을 오랫동안 마음속에 품었고, 생각의 끝에는 언제나 신작이 있었다. 신작은 다산의 뜻을 이미 알고 있는 듯했다. 신작은 말없이 책을 받아 들고 천천히 읽어 내려 갔다. 그 후 두 사람은 서신을 주고받으며 때로는 마주 앉아 문장을 논평하고, 세상사를 이야기하는 벗이 되었다. 그들의 대화는 예학의 논의에서 출발했으나 점차 삶과 학문의 근본으로 나아갔다.

다산은 예를 통해 사회의 질서를 세우고자 했고, 신작은 마음의 본연을 밝혀 그 안에서 인륜의 근원을 찾고자 했다. 한 사람은 제도의 틀 속에서 도덕의 실현을 모색하고자 했고, 다른 한 사람은 내면의 성실함을 바탕으로 실천의 길을 열고자 했다. 그러나 두 사람 모두 학문을 현실과 유리된 관념이 아니라, 삶을 이끄는 실천의 도로 여겼다는 점에서 깊이 공명했다.

신작은 다산의 《상례사전》을 높이 평가하면서도, 예가 인간의 마음을 속박할 수 있다는 점을 경계했다. 이에 다산은 예가 본래 마음을 구속하는 형식이 아니라, 삶의 절도와 질서를 세우는 근본임을 역설했다. 그들의 문답은 서로 다른 학문 전통이 마주한 긴장 속에서도 한결같이 '도덕적 인간은 어떻게 가능한가'라는 물음으로 귀결되었다.

두 사람은 학문적 견해뿐만 아니라 정치적 배경도 달랐다. 신작은 소론의 가풍을 이어받았고, 다산은 남인의 학통 위에 서 있었다. 그럼에도 두 학자는 학문을 권력이나 당파의 도구로 삼지 않았다. 서로의 입장을 존중하며, 이념의 경계를 넘어 인간과 세상의 근본을 성찰했다. 굳이 논쟁하지 않아도 묵묵히 글을 펼쳐 보이며 뜻을 나누었고, 한강을 사이에 두고 마재와 사촌에서 노년의 지적 여정을 함께 걸었다.

다산은 훗날 석천 신작과의 우정을 이렇게 회고했다.

"아무 일 없는 가운데 흉금을 터놓고 마주하는 벗, 그 모습이 마치 강호 위에 떠 있는 한 척의 배와도 같았다."

가족을 동반한 천진암 나들이

두 사람의 만남은 학문적 교유를 넘어 두 집안의 우의로까지 이어졌다. 예순여섯 살이 된 1827년 봄, 오랫동안 병석에 누워 있던 다산은 몸을 추스르고 삼십 년 만에 천진암(天眞庵)으로 발길을 옮겼다. 천진암은 오래전 스승이자 사돈인 이벽이 생전에 강학했던 곳으로 다산에게는 깊은 애환이 서린 곳이다. 다산이 큰아들 정학연과 함께한 길에 석천 신작과 그의 아들 신명연도 동행하였다. 강을 건너 깊은 산길을 오르며 노학자와 자손들, 그리고 마음을 나누는 벗이 함께 걷는 길은 벅찬 기쁨이었다.

신작의 아들 신명연은 이 나들이를 기념해 〈차운상천진사(次韻上天眞寺)〉라는 시를 남겼다.

좋은 날 어른들 모시고 시종하니	佳辰陪杖屨
한가로운 발길 운림을 찾아드네	幽事覓雲林
푸른 물줄기는 멀리 골짜기로 흘러오고	碧水引筒遠
노란 꾀꼬리는 잎새 깊숙이 숨어 있네	黃鸝隔葉深
누가 능히 속세의 번뇌 끊어내어	誰能割塵想
산 그늘 아래 집을 지으려 할까	卜宅近峯陰

맑은 물결이 골짜기마다 흘러들고, 산 그늘 아래 노란 꾀꼬리가

노래하니, 천진암의 운림은 어느새 한 폭의 그림이 되었다. 그림 같은 풍광 속에서 노학자와 그 벗과 자손들이 어깨를 맞대고 웃음을 나누던 날, 다산의 늙은 얼굴에도 오랜 고독이 만든 그늘이 걷히고 있었다.

신작은 천진암을 다녀온 이듬해 1828년 5월 25일, 예순아홉의 나이로 세상을 떠났다. 자신의 글을 끝까지 읽어주던 한 사람을 잃어버린 다산은 다시 고요한 침묵 속으로 돌아가야 했다.

석천 신작과의 우정은 다산 말년에 남은 가장 따뜻한 응답이었다. 글을 쓰는 자에게 자신의 글을 정성껏 읽어주는 이가 있다는 사실, 그것만으로 그는 외롭지 않았다.

천진암 유람 이후 다산은 그날의 기억을 시로 엮었다. 석천 신작을 비롯해 현계와 양산, 학연과 종유, 명연과 민섭, 재굉과 동석 등 모두 아홉 사람이 함께한 길이었다. 노학자의 문장에 젊은이들이 차운으로 화답했다. 시와 술이 오가며 하루가 저물어 갔다. 다산은 그 자리에서 잠시 고독을 벗고 벗들과 호흡하는 기쁨을 맛보았다. 그날의 시편들을 모아 한 권의 시집으로 엮었으니, 그것이 바로 《천진소요집(天眞逍遙集)》이다.

이 시집은 해배 후 마재의 소내, 즉 초천(苕川)에 머물던 시절에 엮은 것이다. 천진암을 함께 거닐며 나눈 시편들이 고스란히 담겨 있는데, 대부분 다산이 먼저 시를 지으면 동행한 이들이 그 운(韻)에 맞춰 화답하는 형식이다. 다산은 이 시집의 자서(自序)에서 그날을 회고했다.

"일백이십 일 동안 병으로 아파 누워 있다가, 마침 용문사 수종사에서 온 현계 영공을 만났다. 영공이 장차 남쪽 천진암으로 유람을 떠나고자 하기에 애써 그 길에 함께 나섰다. 그리고 석천옹을 찾아가 뜻을 모았으며 우리 세 집의 소년들과 계림·성구·규백도 함께 길을 따랐다."

일백이십 일의 병석 생활 끝에 다시 길을 나섰다는 그 첫 문장은, 단순한 회복을 넘어서 다산 정신의 재개(再開)를 알리는 선언이었다. 몸은 늙었을지언정 글을 지을 힘이 깨어났으며, 함께 걸어줄 동행과 그 글에 화답할 벗들이 곁에 있었다. 이렇듯 노년의 삶을 새롭게 밝히는 시작이었기에, 그 길 위에서 비로소 다시 붓을 들 수 있었던 것이다.

늙은 아버지의
자부심과 희망

용문산과 사나사

용이 드나든다는 전설을 품은 용문산은 이름처럼 장엄한 기세로 하늘을 떠받친다. 웅대한 산줄기의 남동쪽에는 천년고찰 용문사(龍門寺)가, 남서쪽 백운봉 기슭에는 또 하나의 고찰 사나사(舍那寺)가 고요히 자리 잡고 있다. 같은 산을 마주하고 있으면서도 두 절이 풍기는 기운은 사뭇 다르다. 1907년, 양근과 지평 두 고을이 합쳐져 오늘의 양평이 되기 전까지 용문사는 지평 땅에, 사나사는 양근 땅에 속해 있었다.

사나사는 고려 말 양근 출신 고승 보우(普愚)가 중창한 절이다. '사나'라는 이름 역시 그가 지은 것이다. 조선 중기에 이경엄(李景嚴)이 이곳을 '사천(斜川)'이라 부르며 은거의 터전으로 삼기도 했다. 바위와 숲, 맑은 시내가 어우러진 절집은 지금도 청정한 기운을 고스란히 품고 있다.

그곳에 다산의 발걸음이 머물렀다. 고향으로 돌아온 뒤, 그는 가문의 흔적을 더듬고 벗들과 회포를 나누며 사나사에 조용히 들렀다. 삶과 죽음, 기도와 회한이 교차하는 자리에서 다산의 마음은 소리 없이 한 편의 시가 되었고, 그 시는 바람과 물결처럼 스며들었다. 남겨진 자취는 크고 화려하지 않았으나, 세월을 따라 번져 오늘날까지 잔잔한 울림으로 이어지고 있다.

이호민 부자의 귀거래사

경기 양평에 자리한 사천은 본래 연안 이씨 선영이 있는 곳이었다. 연산군 때부터 뿌리를 내린 가문의 터전 위에, 조선 중기에 청백리로 이름난 홍문관 대제학 오봉 이호민(五峯 李好閔, 1533~1634)과 그의 아들 이경엄이 사천장(斜川莊)에 몸을 의탁했다. 그 배경에는 거센 정치적 파고가 있었다.

이호민은 김직재(金直齋) 집안과 혼인으로 얽혀 있었는데, 광해군 연간의 당쟁 속에서 김직재가 신율의 무옥(誣獄)에 휘말리며 역모 혐의로 탄핵당했다. 후일 '김직재 옥사'라 불린 이 사건은 남인을 겨냥한 정치적 탄압 성격이 짙었다. 불행히도 김직재는 이호민의 형 이사민의 사위였고, 신율은 이호민의 사위였다. 얽히고설킨 인연 탓에 이씨 집안은 무고한 피해자이면서도 연좌의 굴레를 함께 짊어져야 했다.

결국 이호민 부자는 관직을 내려놓고 사천으로 향하였다. 아들 이경엄은 도연명의 〈유사천(遊斜川)〉에 감흥해 이곳을 자신의 귀거래지로 삼았다. 그는 본래 불교식 명칭이던 '사나'를 문학적 감수성에 맞게 '사천(斜川)'으로 새롭게 고쳐 부르며, 이곳을 학문과 청빈의 터전으로 가꾸고자 했다.

이로 미루어 오늘날 '사나사(舍那寺)'로 불리는 이 절 또한 19세기 당시에는 '사천사(斜川寺)'로 불렸던 듯하다. 다산 정약용 역시 이곳을 유람하며 남긴 시문에서 '사나사' 대신 '사천사'라는 이름을 여러 차례 사용하였다. 단순한 명칭의 차이를 넘어 도연명의 고사를 따르고 선현들의 은거와 회한을 마음에 새긴 다산의 내면이 그 속에 담겨 있다.

벗들과 나눈 시

해배된 지 여섯 해가 지난 1824년 가을, 예순셋의 다산은 오랜 벗들과 함께 용문산 자락 사천사를 찾았다. 그해 9월 13일, 늦가을 바람이 서늘하던 날이었다. 다산은 열수(洌水, 오늘의 한강) 상류에서 배를 타고 청탄(靑灘)에 이르러 하룻밤을 묵고, 이튿날 사천사로 향했다.

이번 유람에는 평생의 벗 현계 여동식을 비롯해 아들 정학연과 이휘영·이태영 형제 등 모두 열아홉 명이 동행했다. 다산은 백운봉 자락을 오르며 풍광을 읊고, 사찰에 머무는 동안 사언사구(四言四句) 형식의 시 48수를 지었다. 이 시들을 한 폭으로 엮어 만든 작품이 바로 길이 20미터에 이르는 〈유사천사시축(遊斜川寺詩軸)〉이다.

그보다 앞서 그해 봄, 다산은 이미 여동식과 석천 신작, 윤영희 등과 함께 천진암을 유람한 바 있었다. 그 자리에서 가을에 다시 용문산을 찾기로 약속했으나, 신작과 윤영희는 병환으로 동행하지 못했다. 다산은 그 아쉬움을 시로 달래며 두 벗의 빈자리를 노래했다.

꽃 피는 여름이면 천진암이요	芳夏天眞寺
하늘 높은 가을엔 사나암이로다	高秋舍那菴
봄 유람 이어 가자 두 노인과 약속했건만	約偕二老春游續
병든 몸 끝내 그 맹세를 저버리고 말았구나	疾病終令信誓違

사나암은 사천사의 또 다른 이름이었다. 그해의 유람은 다산에게 노년의 몸으로 벗들과 시를 나눌 수 있는 마지막 기쁨이었다. 그는 "모였다가 흩어지고 머무는 일이 덧없음을 생각하니 감개무량하다"라고 적으며, 그날의 자취를 기록했다.

다산은 동행한 벗들의 이름을 나이순으로 적고, 억지로 시상(詩想)을 짜내지 않기 위해 사언사구(四言四句) 형식으로 시를 지었다. 그렇게 완성된 48수의 시를 직접 써 내려가 길이 20미터에 이르는 시축(詩軸)으로 남기고, 다음과 같은 서문을 덧붙였다.

갑신년(1824) 9월 13일, 나는 열수 상류에서 배를 타고 청탄에 이르러 하룻밤을 묵었다. 이튿날 현계 승지와 함께 사천사를 유람하였다. 대탄과 묘곡의 여러 벗과 이윤오 형제도 도착하였고, 절에 함께 묵은 사람은 모두 열아홉 명이었다. 모였다가 흩어지고 머무는 일이 덧없음을 생각하니 감개무량하여, 이에 시를 지어 기록하였다. 나이순으로 이름을 기록해 훗날 참고하도록 하였다. 시를 사언사구로 지은 까닭

은 시상을 짜내느라 정신을 상하게 하지 않기 위함이다. ─ 열수(洌叟)
가 적다.

서문에 이어 다산의 첫 시가 펼쳐진다. 그에게 유람은 풍광의 감상이 아니라, 자연의 품 안에서 생을 달관해 가는 과정이었다. 첫 구절에는 평온과 자유, 그리고 늙은 선비가 얻은 고요한 환희가 배어 있다.

호젓한 구름 낀 숲	窈彼雲林
푸르고 아득히 깊구나	靑宵深沈
예서 노닐며 쉬노니	於焉游息
이 내 마음 즐기노라	聊樂我心

_ 약용(若鏞), 임오생(壬午生, 1762년)

'호젓한 구름 낀 숲'이라는 표현에는 세속을 벗어난 듯한 고요와 평온이 서려 있고, '푸르고 아득히 깊구나'라는 감탄에는 자연의 품이 지닌 넉넉한 위안이 담겨 있다. '예서 노닐며 쉬노니, 이 내 마음 즐기노라'라는 구절에서는 고된 세월을 견딘 노학자의 내면이 고요히 드러난다.

그해 가을, 쇠약해진 다산은 다시 백운봉을 오를 수 없었다. 대신 젊은 학유가 그 길을 걸었다. 다산은 그 일을 가벼운 농담처럼 시로 적어 벗들에게 보였다.

일찍이 날아오르던 저 백운봉 정상도	憶曾飛躡白雲巓
그때는 기력 왕성하고 몸도 가벼웠거늘	筋力尙强身尙嬛
이제는 쇠한 뼈마디 하나도 말을 안 듣고	如今衰骨百不利
손가락 튕기듯 흘러간 세월이 어느새 여섯 해로다	彈指流光已六年

정정하던 시절, 거침없이 오르던 백운봉도 이제는 다리가 무겁고 숨이 차서 힘에 부친다. 다산은 쇠한 몸을 실감하면서도 그 변화를 담담히 받아들였다. 예전에 자신이 오르던 길을 이제는 아들이 대신 오르고, 그 얼굴에 번지는 기쁨을 바라보며 세월이 가져간 것과 남겨준 것을 함께 떠올렸다. 그것은 늙은 아버지가 새삼 깨닫는 삶의 또 다른 위안이었다.

인생에 젊음이란 참으로 즐거운 것이로구나	人生年少眞可樂
실컷 보고 돌아와도 해가 지지 않았네	縱目歸來日未沒

다산에게 자연을 노니는 일, 시를 짓고 예를 익히는 일은 그저 옛 방식을 되풀이하는 데 그치지 않았다. 그는 좋은 산수야말로 후대에 전해 줄 수 있는 가장 귀한 유산이라 여겼다.

시와 예를 배움에 옛것만을 고집하지 말라
學詩學禮休泥古
좋은 산과 맑은 물은 후손에게 길이 전할 재산이니
好山好水堪裕昆

손자를 품에 안은 지금, 다산은 삶의 마지막 고개를 넘으며 다시금 생각한다. 언젠가 손자가 백운봉을 오르는 날을 본다면, 그때는 여든의 노학자가 고요히 머리를 끄덕이며 미소 지을 것이다.

이 아이 다시 백운봉에 오르는 날을 본다면
若見此兒又登白雲峯
내 나이 여든에 마땅히 머리를 끄덕이며 기뻐하리라
吾年八十復當頷且欣

이 시는 '열초(洌樵)'라 자서한 노학자가 세월의 덧없음을 느끼면서도, 자손과 삶의 순환 속에서 다시 희망을 발견한 기록이다. 회한과 희망, 아버지의 자부심과 노년의 평안이 한데 어우러져, 인생의 깊이를 담백하게 보여준다.

다산은 세월의 무상함을 말하면서도 그 흐름을 거슬러 올라가려 하지 않았다. 자연은 스승이 되어 변화를 받아들이는 법을 가르쳤고 벗과 아들, 손자와 나누는 시간 속에서 그는 인생의 순환을 체득했다. 삶은 강물처럼 흘러가되, 마음이 고요하면 그 물 위에도 하늘이 비친다. 다산이 평생 탐구한 예(禮)와 경(經)의 근원 또한 이 단순하고 투명한 진리, 곧 마음을 곧게 세워 자연과 더불어 사는 일에 있었다.

나는 늙어도
유쾌한 선비라네

칠십이 되어 몸은 늙었어도

칠십을 넘긴 초가을, 다산은 문득 죽장을 짚고 근처 절을 찾아가 볼까 생각했다. 산사의 고요 속에 마음을 잠시 기대고 싶었던 것이다. 그러다 이내 마음을 돌려, 조대(釣臺)에 작은 배를 띄우고 흰 수염을 흩날리며 낚싯대를 드리운 '연파 노인(煙波老人)'의 모습을 떠올려 보았다. 강가의 바람, 일렁이는 잔물결, 자유로이 떠 있는 노인의 그림자. 그는 잠시 그 풍경 속에 자신을 놓아 보았다.

하지만 이내 고개를 숙였다. 늙은 몸은 이미 예전 같지 않았다. 발걸음은 느려졌고, 기력은 약해질대로 약해져 있었다. 다산은 조용히 책상 앞으로 돌아왔다. 짧은 등잔불 아래 펼쳐진 책더미는 젊은 날부터 그의 삶을 비추어 온 가장 익숙한 풍경이었다. 마음은 여전히 강가를 향했으나, 몸은 자연스레 책상 쪽으로 기울었다.

다산은 서글픔 속에서도 위안을 찾았다. 몸이 따라주지 않아도 책 속에서 길을 찾고 붓을 들어 마음을 기록하는 일은 여전히 가능했다. 칠십 무렵부터 시력이 급격히 흐려져 독서조차 힘겨워졌으나, 다산은 그 상실조차 담담히 받아들였다. 늙어가는 몸과 달리 글을 향한 그의 마음만은 조금도 늙지 않았다.

나는야 유쾌한 노인이어라

어느 날 다산의 마음에 백거이(白居易)의 시 한 편이 떠올랐다. 당나라 말기, 향산(香山)에 은거하며 늙음을 노래하던 백거이는 흐려진 시력조차 담담히 받아들였다. 더 이상 책을 읽을 수 없다는 사실을 상실로 여기지 않고, 유쾌한 시를 지으며 웃어넘겼다. 다산은 그 시에서 자신과 닮은 심경을 보았다. 그리고 늙은 시인의 호탕함을 빌려 〈노인일쾌사(老人一快事)〉라는 시로 생의 끝자락을 노래했다.

노인의 한 가지 유쾌한 일 중에	老人一快事
눈이 어두운 것도 하나라네	眼昏亦一快
다시는 경전의 주석을 따질 필요 없고	不復訟禮疏
《주역》의 괘사를 연구할 수 없으니	不得研易卦
평생 문자에 얽매여 살았는데	平生文字累
하루아침에 깨끗이 벗어날 수 있게 되었다네	一朝能脫灑

다산이 노안의 불편함조차 유쾌하게 받아들일 수 있었던 것은,

자신보다 앞서 늙어간 시인 백거이의 마음을 이미 읽어 두었기 때문일지도 모른다. 백거이는 이렇게 노년을 노래했다.

"눈은 침침하고, 이는 듬성듬성, 마음은 게으르며, 귀에는 먼지만 쌓이는구나."

다산은 노쇠한 몸을 숨기지 않고 오히려 웃어넘기는 그 태도에 깊은 감동을 받았다. 그 웃음은 체념이 아니라, 삶을 끝까지 끌어안는 지혜였다. 그는 그 여운을 품고, 이내 치아를 소재로 또 한 수의 시를 남겼다.

노인의 한 가지 유쾌한 일은	老人一快事
치아 없는 게 또한 그다음이라	齒豁抑其次
절반만 빠지면 참으로 고통스럽고	半落誠可苦
다 빠지고 나면 비로소 편안하네	全空乃得意

치아가 모두 빠져 괴로움이 사라졌다는 이 노인의 시는 농담 같지만, 담담한 통찰을 품고 있다.

"절반만 빠지면 고통스럽지만 다 빠지면 편안하다."

이 짧은 구절에는 다산이 일생을 통해 터득한 삶의 진실이 깃들어 있다. 무엇을 잃어도 애써 붙잡지 않고 이미 흘러간 것에 연연하지 않는 태도, 그것이 그가 깨달은 노년의 자유였다.

다산은 치아가 없는 현실을 이렇게 웃음으로 마무리했다.

유쾌하도다 의서에서	快哉醫書中

치통이란 글자는 빼버려야겠네   句去齒痛字

잃음을 슬퍼하지 않고, 상실을 통해 오히려 자유를 얻는 유쾌함. "다 빠지고 나면 비로소 편안하다"라는 이 시구는, 집착으로 흔들리던 지난 세월을 벗어나 마침내 고요히 머무는 노년의 깨달음이었다.

그의 유쾌한 농담은 머리카락도 비껴가지 않는다. 머리카락이 한 올도 남지 않았지만, 부끄럽지도 불편하지도 않단다. 감고 빗는 수고가 사라졌고, 북쪽 창을 열면 솔바람이 머릿골을 시원히 씻어주기 때문이다.

감고 빗질하는 수고가 없고	旣無櫛沐勞
백발의 부끄러움 또한 면하였네	亦免衰白恥
널따란 북창 아래 드러누우면	浩蕩北窓穴
솔바람 불어 머릿골이 씻기는구나	松風洒腦髓

한평생 망건으로 단정히 묶었던 머리. 다산은 이제 말총 망건을 깨끗이 접어 상자 속에 넣었다. 망건 하나에도 체면과 풍습, 유학자의 도리 같은 무형의 짐이 실려 있었다. 그 무게를 내려놓으며 다산은 이렇게 말했다.

"평생 풍습에 얽매이던 사람이, 이제야 유쾌한 선비[快士] 되었네 그려."

민머리 위에는 세월이 남긴 흔적보다 더 깊은 해방의 기운이 서려 있었다. 그것은 체면과 관습의 갑옷을 벗어던지고 얻은 가벼움이자 자유였다. 이제 그는 더이상 세상의 시선에 매이지 않았다. 북창 아래 누워 흘러가는 구름을 바라보며, 솔바람이 머릿속 깊이 스며드는 그 순간, 다산은 비로소 진정 유쾌한 선비가 되었다.

굳이 애써 이기지 않으려 하네

다산이 노년에 즐거움으로 삼은 일 가운데 하나는, 가끔 손님들과 마주 앉아 바둑을 두는 일이었다. 그는 바둑판 앞에서도 옛 습관을 고집하지 않았다. 언제나 가장 하수와 맞붙었고 강한 상대는 슬그머니 피했다.

반드시 가장 하수와 대국을 하고	必求最拙手
강한 상대는 기필코 피하노니	掉頭避強敵

젊은 날 같았으면 상상조차 하지 못했을 태도였다. 한때 조정에서 논리로 맞서고 글로 경쟁하던 그였다. 그러나 이제는 누군가를 이기려고 하기에는 기력이 아깝다. 굳이 애써 이기지 않아도 남은 힘으로 충분히 즐길 수 있으니.

힘들지 않은 일을 하다 보면	行其所無事
얼마든지 힘이 남아 있게 된다	恢恢有餘力

다산은 말한다. 학문이든 수학이든 실용적인 일이라면 마땅히

고수를 찾아 배워야 한다. 하지만 여가를 즐기는 것은 다르다. 헛놀음의 가치는 경쟁이 아니라 한적함에 있다.

도를 닦자면 어진 스승을 구하고	業道求賢師
산학을 배우자면 교력에게 가야 하며	學算就巧曆
실다운 일은 성취하는 게 타당하나	實事宜躋攀
헛놀이는 한적함을 귀히 여긴다네	虛嬉貴閑適

세상은 끊임없이 비교하고 승부에 얽매인다. 그러나 노년에 이른 다산은 그 고리를 조용히 끊는다.

| 뭐하러 고통스레 강적을 마주하여 | 何苦對勍寇 |
| 스스로 곤액을 당한단 말인가 | 自取遭困阨 |

그는 한 수 물러서며 마음을 비운다. 이제 바둑은 수 싸움이 아니라, 흐름을 읽고 조화를 이루는 일이다.

| 항상 안일로써 괴로움을 상대하니 | 恒以逸待勞 |
| 순조롭기만 하고 거슬림이 없어라 | 怡然順無逆 |

다산에게 바둑은 이제 승부를 가리는 일이 아니라 마음을 고르는 시간이었다. 가장 서툰 이와 마주 앉아 말없이 돌을 놓으며, 그는 세속의 욕심을 한 알 한 알 비워냈다. 묵묵한 그 손끝 아래, 이

기고 지는 일은 이미 의미를 잃고 있었다. 남은 것은 고요와 평안, 그리고 마음의 한가함뿐이었다.

〈노인일쾌사〉 여섯 수는 자조나 해학을 넘어, 노화를 고요히 받아들이는 시문이다. 일흔의 다산은 쇠한 몸을 부끄러워하지 않았다. 잃은 것보다 남은 것을 헤아리며 웃을 줄 아는 노인, 그가 일생을 통해 이룬 마지막 깨달음은 이 한 구절로 요약된다.

"굳이 애써 이기지 않으려 하네."

내가 떠나도
너희들이 있다

다산학의 뿌리를 만들다

마재 여유당(與猶堂). 창호 사이로 아침 햇살이 비스듬히 스며들 무렵, 다산은 붓을 잡고 책상 앞에 앉았다. 그날따라 글은 좀처럼 이어지지 않았다. 먹을 갈던 손을 멈춘 채, 문득 시선이 닿지 않는 먼 곳을 바라보았다. 강진 다산초당, 그 지난한 시간 속에서 그는 결코 혼자가 아니었다.

다산의 대표작 중 하나인 《논어고금주(論語古今註)》는 고금의 주석을 아우르며 《논어》의 뜻을 새롭게 밝힌 책이다. 이 방대한 작업은 다산이 홀로 이룬 성취가 아니었다. 곁에는 젊은 제자 이강회(李康懷)와 윤동(尹峒)이 있었다. 한 글자, 한 구절마다 질문을 주고받으며 뜻을 헤아리던 제자들의 사유와 열정이 책의 행간에 스며 있었다. 《논어고금주》는 결국 스승과 제자가 함께 써 내려간 사유의 기록이었다.

주역의 상징과 천리(天理)를 해석한 《주역사전(周易四箋)》, 조선의 하천과 수계를 정밀히 정리한 《대동수경(大東水經)》 또한 제자 이청(李晴)과의 협력 속에서 완성되었다. 다산이 그려낸 사유를 이청이 지도로 옮기고, 다시 스승이 교정하는 과정이 밤마다 이어졌다.

바닷가 작은 마을에서 우연히 만난 인연은 어느새 학문 공동체로 자라났다. 다산은 그들을 제자라 불렀으나, 마음속으로는 동지로 여겼다. 실학의 길을 함께 걸은 벗들이었다. 스승의 지혜는 제자의 손에서 꽃을 피웠고, 제자의 성장 또한 스승의 사유를 더욱 깊게 만들었다.

세월이 흘러 다산이 세상을 떠난 뒤에도, 제자들은 각자의 자리에서 글을 쓰고 사상을 이어갔다. 그들의 문장 곳곳에는 여전히 다산의 숨결이 남아 있었다. 그리고 그 사상은 다른 땅에서도 한 줄기 향기처럼 번져갔다. 다산학의 뿌리는 그렇게 한 사람의 생을 넘어, 스승과 제자가 함께 이룬 공동의 기억 속에서 자라났다.

찻잔에 담긴 약속, 다신계

스무 해 가까운 유배 세월이 끝나가던 무렵, 다산은 떠날 채비를 하며 마지막으로 제자들을 불러 모았다. 해남과 강진, 도암과 백련사 언덕을 함께 오르내리며 웃고 울던 제자들이었다. 눈빛에는 이별의 그늘이 드리웠지만, 다산은 작별이 곧 끝이 아님을 전하고 싶었다.

그리하여 하나의 작은 약속이 태어났다. 이름하여 '다신계(茶信契)', 차로써 신의를 잇는 모임이었다. 찻잎의 향처럼 오래도록 사라지지 않을 우정을 약속하며, 다산은 규약을 직접 짓고 참여한 제자들의 이름을 손수 적어 《다신계절목(茶信契節目)》이라 이름 붙였다. 몸은 흩어져도 학문과 마음은 이 계를 따라 이어가자는 뜻이었다.

스승이 마재로 돌아간 뒤에도 제자들은 그 약속을 지켰다. 1823년, 윤종삼(尹宗三, 자 기숙)과 윤종진(尹宗鎭, 자 금계)이 한겨울 언 땅을 밟으며 마재로 향했다. 여유당 뜰에서 그들은 옛날처럼 스승의 말씀에 귀 기울였고, 따뜻한 차 한잔에 지난 세월의 추억을 띄워 마셨다.

1830년 겨울, 또 다른 제자 이강회(李康懷)와 초의선사(草衣禪師)가 여유당을 찾았다. 세월은 그들의 머리를 희게 만들었으나, 앉은 자리는 강진 다산초당의 정자 같았다. 삭풍이 문을 두드리던 날에도 다산의 방 안에는 따뜻한 차향이 감돌았다.

작은 몸, 큰 그릇

마재 여유당의 늦여름 햇살이 번지던 오후, 다산은 언제나 그렇듯 낡은 책상 앞에 앉아 붓을 들었다. 옛 벗들은 하나둘 세상을 떠났고, 나이 든 제자들 또한 더는 마재 언덕을 오르지 않았다. 그때 다산의 마음에 불현듯 떠오른 얼굴이 있었다. 강진에서 만난 작은 소년, 윤종진. 자는 금계(琴季). 아직 어른의 키에도 이르지 못한 채, 늘 맨 뒤에 조심스럽게 서 있던 아이였다. 몸은 약하고 성격은 수줍었으나, 책장을 넘기는 손끝은 놀라울 만큼 정갈했다. 배운 문장을 곱씹어 묻는 말에는 조용한 힘이 배어 있었다.

다산은 그가 비록 체격은 왜소하나 장차 큰 그릇이 되리라 믿었다. 그 믿음을 담아 해배되던 해 가을, 직접 붓을 들어 호를 하나 지어주었다. '순암(淳菴)'. 순박할 순(淳), 초가집 암(菴). 작은 몸집 안에 순수하고 깊은 정신이 깃들기를 바라는 마음이었다. 다산은 그날 편지를 써 내려갔다.

"신체가 집이라면, 정신은 주인이다. 주인이 참되면 비록 낮고 좁은 집에 살아도 사람들이 오히려 공경하고, 주인이 허술하면 아무리 큰 집에 살아도 업신여김을 받는다. 네가 몸이 작다고 스스로를 작게 여기면 세상은 그 작음을 더욱 덧씌울 것이다. 그러나 마음을 단단히 하고 힘을 다한다면, 하늘은 결코 체격이 작다는 이유로 네가 덕을 이루는 것을 막지 않을 것이다."

편지 곳곳에는 옛 현인들의 사례가 인용되었다. 춘추시대 안영(晏嬰)과 전국시대 전문(田文)은 왜소한 몸이었으나 임금에게 직언하여 나라를 바로잡았다. 당나라의 배도(裵度), 조선의 명재상 이원익(李元翼) 또한 작은 체구였으되 큰일을 도모한 인물들이었다. 다산은 이들의 이야기를 들어 "몸은 집이요, 정신은 집의 주인"이라 일깨우며, 작은 몸이라도 뜻이 깊으면 세상이 우러러본다고 강조했다. 편지 말미에는 이렇게 적었다.

"죽는 날까지 명심하여 말 한 마디, 행동 하나에도 가벼움이 없도록 하여라. 나는 그래서 너에게 순암이라는 호를 준다."

그날의 편지는 《다산사경첩(茶山四景帖)》에 실려 전한다.

윤종진은 평생 스승이 지어준 호를 마음속에 품었다. 벼슬길에 나서지 않고 강진과 해남 사이에 머물며 제자들을 가르쳤다. 조용히 살았으나 학문에는 엄격했고, 마을 아이들에게 글을 읽히며 다산에게 배운 실용학문을 전했다. 가난한 이웃에게 곡식을 나누고, 제자가 글을 묻기 위해 찾아오면 밤을 새워 풀이해 주곤 했다.

다산이 세상을 떠난 뒤에도 윤종진은 스승이 가르친 예(禮)와 실(實)의 도를 붙들었다. 벼슬 제안이 여러 차례 있었으나 "배운 뜻은 세속을 떠나 백성 곁에 두라 하셨다"라는 이유로 거절했다. 그가 남긴 글은 많지 않지만, 《여유당전서》를 정리하는 과정에 형 윤종삼과 함께 참여하며 다산의 문집을 후세에 전하는 데 힘썼다.

"그 많던 제자들 가운데, 순암 윤종진처럼 조용히 오래 남은 이는 드물었다."

세상의 눈길은 닿지 않았으나, 그가 남긴 길은 오래도록 스승의 향기를 품고 있었다. 작고 고요한 몸집 안에 깃든 단단한 정신, 그것이 다산이 그를 '순암'이라 부른 이유였다. 다산이 지어준 이름은 그의 일생을 밝히는 등불이 되어 오늘날까지도 잔잔히 빛나고 있다.

다산의 첫 제자, 황상

1828년 겨울, 다산은 마재 여유당의 햇살 아래에서 잠시 상념에 잠겼다. 유배에서 풀려난 지 십 년, 세상과의 거리는 점점 멀어졌지만 마음속에는 여전히 한 줄기 열망이 타올랐다. 불현듯 제자 황상(黃裳)에게 긴 편지를 써 내려갔다.

"한길로 힘을 다해 달려드는 기개도 중요하지만, 도를 마음에 품고 천천히 세상을 경영하는 온축(蘊蓄)의 덕 또한 필요한 것이다."

짧은 문장 속에 노사(老師)의 깊은 성찰이 담겨 있었다. 젊은 날엔 세상을 고치려는 열정으로 살았지만, 노년의 다산은 속도보다 방향을 중히 여겼다. 이제 그는 황상에게 그 완숙한 '온축의 길'을 이어가 달라고 당부하고 있었다.

그로부터 여덟 해 뒤인 1836년 2월. 다산이 세상을 떠나기 직전 황상은 마재를 찾았다. 스승의 병색은 짙었고 말은 느려졌으나 눈빛은 여전했다. 황상은 말없이 곁을 지켰다. 황상의 얼굴을 보며 다산은 마지막 힘을 다해 웃었다. 그 웃음에는 '내가 떠나도 너희가 있다'라는 믿음이 담겨 있었다.

다산이 세상을 떠난 뒤에도 황상은 인연을 이어갔다. 1845년, 스승의 기일에 마재를 다시 찾은 그는 정학연·정학유 형제와 함께 정황계(丁黃契)를 결성하고 그 증표로 《정황계첩(丁黃契帖)》을 남겼다. 다산의 아들들과 제자 황상의 후손이 함께 이름을 올린 《정황계첩》은 끊어지지 않은 사제의 인연을 보여주는 귀중한 기록이 되었다.

1849년, 황상은 다시 마재를 찾아 스승의 흔적을 더듬었다. 이 무렵 그는 정학연의 소개로 추사 김정희(秋史 金正喜), 김명희(金命喜) 형제와 교유했고, 남도의 화가 소치 허련(小癡 許鍊)과는 나이를 뛰어넘은 망년지교(忘年之交)를 맺었다. 학문과 예술, 그리고 실학 정신이 어우러지는 자리였다. 황상은 다산의 뜻을 품은 후학이자, 새로운 세대의 중심에 선 학인이었다. 스승이 뿌린 씨앗은 그렇게 자라났다.

계(契)와 계첩(契帖), 기억과 인연은 한 사람의 삶이 얼마나 멀리까지 이어질 수 있는지를 보여준다. 황상과 다산의 인연은 1802

년, 다산이 강진에 유배된 지 이듬해에 시작되었다. 열다섯 살의 어린 황상은 양반 가문 출신도 아니었고, 학문적 재능을 인정받은 인물도 아니었다. 지방 아전의 아들로 세상 누구도 주목하지 않았던 소년이었으나, 그는 스승을 찾아 먼 길을 걸어와 서당 문턱을 넘었다. 처음 다산 앞에 선 그는 자신을 "둔하고 막히고 답답한 아이"라고 고백했다. 다산은 "재능보다 더 무서운 것은 부지런한 노력"이라 일깨우며 '삼근계(三勤戒)'—부지런히 보고, 부지런히 생각하고, 부지런히 실천하라는 가르침—를 내렸다.

황상은 이 말을 평생 좌우명처럼 붙들었다. 그는 다산의 곁에서 책을 베끼고 기록을 정리하며 학문을 몸으로 익힌 첫 제자였다. 훗날 다산의 장남 정학연이 "다산이 가장 아꼈던 제자"라 기록할 만큼, 황상은 일찍이 스승의 뜻을 가장 깊이 이해하고 함께 걸었던 제자였다.

지적인 자극을 주는
친구가 필요하다

나이를 초월한 우정

세월이 흐르면 벗들도 하나둘 떠나간다. 사유는 깊어지되, 그 무게를 함께 나눌 이는 점점 드물어진다. 마재 강가에 칩거하던 다산 또한 고독한 나날을 보냈다. 그 무렵, 연천 출신의 홍석주(洪奭周, 1774~1842)가 다가왔다. 경화세족의 후예이자 문장과 경학에 밝은 그는, 노년의 다산에게 보기 드문 '학문의 벗'이었다.

남양 홍씨 가문은 당대에 드물게 청대 신지식과 서학 서적을 적극적으로 수용하던 서울 명문이었다. 홍석주의 두 아우 또한 뛰어났다. 바로 밑 아우 홍길주(洪吉周, 1786~1841)는 역사와 문장에 능해 사마천에 견줄 만한 필치라 일컬어졌으며, 다산의 부음을 듣고는 "열수가 죽었다 함은 만 권의 서고가 무너진 것과 같다"라고 통곡했다는 일화가 전한다.

막내 홍현주(洪顯周, 1793~1865)는 정조의 부마로서 시와 글을 즐겨, 마재를 찾아와 밤새 다산과 함께 시문을 논하고 새벽녘까지 차를 나누곤 했다. 세 형제가 저마다의 이유로 다산을 찾던 날이면 여유당에는 웃음과 토론이 끊이지 않았다. 이 세 형제와의 만남은 나이를 초월한 학문과 우정으로, 노년의 다산을 다시 깨어나게 한 한 줄기 빛이었다.

그 가운데서도 홍석주는 특히 각별했다. 그는 수천 권의 장서를 갖춘 학자이자, 성리학과 고증학을 아우른 경학자였다. 청대의 새로운 학문 방법을 받아들이면서도 주자학의 골격을 버리지 않았으며 도리와 사실의 조화를 추구하며 실증적 해석에 힘썼다. 그의 글에는 사변보다 근거를, 권위보다 진리를 중히 여기는 학자의 품격이 배어 있었다.

다산에게 홍석주는 잃어버렸던 학문적 긴장을 되찾게 해준 존재였다. 정조와 함께했던 젊은 날의 학문적 열기는 이미 사라져 깊이 있는 토론 상대를 찾기 어려웠다. 그런 다산에게 홍석주는 다시금 논변과 비평, 사유의 자극을 주었다. 서로 글을 주고받으며 《예기》와 《중용》 구절을 해석하고, 서학의 논리를 두고도 진지하게 논쟁을 이어갔다.

석천 신작과 더불어 홍석주는 다산에게 남은 마지막 학문적 불씨였다. 신작과의 교유가 예학과 경학의 깊이를 함께한 내면의 대화였다면, 홍석주와의 만남은 세상과의 대화, 살아 있는 사유의 회복이었다. 노년의 다산이 붓을 놓지 않았던 이유, 그 끝자락에 홍석주가 건넨 질문과 호응이 있었다.

홍석주와 나눈 경학 논쟁

다산의 저술을 읽은 홍석주는 언제나 솔직했다. 표현이 과도한 대목은 가차 없이 지적했고, 논거가 약한 부분은 근거를 보강하라고 충고했다. 다산은 그런 비평을 오히려 학문적 즐거움으로 받아들였다. 젊은 시절 정조 임금과 함께 나누던 치열한 학문 토론의 열기가 되살아났다. 다산에게 학문이란 독백이 아니라, 비판과 논쟁 속에서 생기를 얻는 살아 있는 사유였다.

두 사람의 주요 논쟁 주제 가운데 하나는《상서(尙書)》였다. 오경(五經) 가운데 가장 난해하고 정치철학의 근본 원리가 담긴 이 경전을 두고, 그들은 여러 차례 편지를 주고받았고 직접 만나 토론을 벌였다. 홍석주는 청대 고증학에 밝아 염약거(閻若璩)의《고문상서소증(尙書古文疏證)》과 송감(宋鑑)의《상서고변(尙書考辨)》등을 인용하며 다산의 견해를 비판하고 보완했다.

홍석주는 염약거의 정밀한 문헌 고증 태도를 높이 평가해 다산에게 그 책을 권했다. 위서 논란이 제기된 장들을 짚으며 진위와 전승의 경로를 따져보고자 한 것이다. 그의 접근 방식은 성리학적 도덕 해석에 익숙했던 다산에게 새로운 자극이었다. 송감의《상서고변》또한《상서》의 난문을 체계적으로 정리하고 비판한 저술이었다. 홍석주의 견해를 통해 다산은 자신이 쓴《상서고훈(尙書古訓)》과《매씨서평(梅氏書平)》을 다시 점검하게 되었다. 그는 어느새 익숙한 경학의 문법에서 벗어나, 사실과 근거를 중심으로 한 새로운 연구 방법의 필요성을 절감했다.

홍석주는 단지 글에 대한 해석만 논하지 않고 '경전의 진위와 해석이 정치와 도덕의 질서에 어떤 의미를 갖는가'를 함께 물었다. 그의 문제의식은 다산에게 깊은 인상을 남겼다. 때로는 자신이 확신하던 《매씨서평》의 견해조차 흔들릴 만큼, 그 논리의 정밀함은 매서웠다. 그러나 다산은 물러서지 않았다. 그는 자신의 논리를 다듬고 다시 증거를 찾아가며, 논쟁을 통해 사유를 한층 깊게 만들어갔다. 이것이 그가 평생 견지한 '비판 속의 학문'이었다.

1827년 12월 8일, 다산은 홍석주에게 편지를 썼다. 그 안에는 학문에 임하는 한 노학자의 진심이 담겨 있었다.

"알지 못하면서 나를 공격하는 자는 내가 굴복하지 않으나, 나의 아는 바를 알고 또 그것을 넘어 나에게 독행(篤行)을 권하는 이라면, 내가 어찌 그와 더불어 학문의 세계로 나아감을 즐거워하지 않겠는가."

이 짧은 문구는 논쟁을 넘어선 학문적 신뢰의 증표였다. 다산에게 홍석주는 노년기 사유의 불씨를 지펴준 마지막 동반자였다.

실학과 문학의 만남

홍석주의 동생이자 정조의 부마인 홍현주는 다산의 또 다른 벗이었다. 호는 해거재(海居齋). 시문에 뛰어나고 그림에도 조예가 깊어, 당대 문사들 사이에서는 '운치 있는 인물'로 꼽혔다. 다산보다 스무 해 가까이 젊었지만, 유려한 문장과 따뜻한 품성으로 노학자의 신뢰를 얻었다.

홍현주는 정조의 사위로 한때 조정의 중심에 있었으나, 부마라는 신분 제약 탓에 요직에 오르지 못했다. 조선의 부마는 예우를 받는 대신 정치 활동이 제한되었기 때문이다. 그는 시와 예술, 골동과 서화에 몰두하며 자연 속에서 마음의 평화를 구했다. 마재에 칩거한 다산을 여러 차례 찾아와 조용한 교유를 이어간 것도 그 연장선이었다.

    1831년 음력 10월 16일, 찬 바람이 매섭게 불던 날 홍현주는 다시 마재를 찾았다. 그는 다산에게 운길산 수종사에 함께 오르자고 권했다. 그러나 칠순을 넘긴 다산은 노쇠하여 겨울 산행이 어려웠다. 다산은 대신 차남 정학유와 평소 막역한 초의선사를 동행시켜, 그의 유람을 배려했다.

    다산은 직접 나서지 못한 아쉬움을 시로 달랬다. 수종산에 눈이 내리고, 언덕에 까마귀가 날며, 역참 닭의 울음에 수레바퀴가 도는 풍경을 상상 속에서 따라가며 한 편의 긴 시를 남겼다. 그 시는 멀리서 벗을 보내는 한 노학자의 마음이자, 이미 떠나간 세월과의 작별이었다.

    수종산 저녁 빛, 구름 낀 얼굴처럼 어둡고
    水鍾山色暮如曛
    눈 덮인 나무, 얼어붙은 샘은 고요히 사람을 기다리네
    雪樹氷泉悄待人
    산등성이를 넘어 까마귀 날자, 처음 채찍을 다듬고
    嶺路鴉翻初振策
    역참에서 닭이 울 즈음, 이미 수레바퀴에 기름을 바르도다

驛亭鷄唱已膏輪

북쪽 언덕 천 굽이를 붙잡고 오르며

思攀北崦千回磴

동화문 밖 세상 먼지를 씻어내고자 하나

淨洗東華萬斛塵

이토록 아름답고 풍류 있는 유람길

나는 더는 따르지 못하고

如此風流難附尾

백발의 늙은이 그저 시를 읊으며 바라볼 뿐

마음이 애잔히 아프도다

白頭吟望黯傷神

_〈도위가 수종사에 유람 가려 하나 나는 늙어 따르지 못하네(都尉將游水鍾寺 余老不能從)〉

그날의 유람은 《수종시유첩(水鍾詩遊帖)》에 남아 오늘날까지 전한다. 비록 다산의 몸은 문 밖을 벗어나지 못했으나, 그의 마음은 이미 수종사의 고요한 바람 속에 닿아 있었다. 홍현주는 그날의 풍광과 다산의 시를 품에 안고 돌아갔다. 이후에도 두 사람은 오랜 세월 서로의 시를 읊으며 인연을 이어갔다.

홍현주와 다산, 두 사람의 교유는 신분과 나이를 넘어 한 시대 지식인의 정신을 잇는 일이었다. 다산은 그의 시와 문장에서 다시 사유의 자극을 얻었고, 홍현주는 은거한 학자의 품격에서 문인의 길을 새롭게 보았다. 두 사람의 만남은 조선 후기 지성의 두 흐름

― 실학과 문학 ―이 교차하며 남긴 조용한 정점이었다.

다산은 '조선 지성의 근원'

다산의 큰아들 정학연과도 교유가 깊었던 홍길주는 조선 후기 문장가이자 경세적 사유를 지닌 지식인이었다. 남양 홍씨 가문에서 태어나 어려서부터 시문에 능했고, 정조 대에는 형 홍석주와 함께 규장각의 중추 인물로 활약했다. 그는 문장뿐 아니라 경학과 제도, 정치 전반에 밝았으며 주자학의 형식에 매이지 않고 실증과 이치를 바탕으로 한 독자적 사유를 펼쳤다. 당대 사람들은 그의 필력을 두고 "조선의 사마천"이라 불렀고, 남긴 글과 평론은 후대 지식인들에게 오래 인용되었다.

홍길주는 다산의 학문을 누구보다 높이 평가했다. 특히《흠흠신서》와《목민심서》를 비롯한 저술을 두고 그는 다음과 같이 말했다.

"열수 정약용의 저술이 집 안에 가득하니,《흠흠신서》와《목민심서》는 옥사를 다스리고 백성을 교화하는 데 요긴한 책이다. 그 문장은 추사(秋史)보다 높고, 학문의 깊이는 중국의 기윤(紀昀)과 완원(阮元)에 견줄 만하다."

홍길주는 다산을 한 시대의 학자로만 보지 않았다. 그에게 다산은 고전을 새롭게 해석하고, 학문으로 세상을 교화한 '조선 지성의 근원'이었다. 그가 남긴 평가는 동시대 학문 세계의 정점에 선 인물로서 다산의 위상을 분명히 했다. 다산의 죽음은 단순히 한 노학자의 생이 끝난 일이 아니었다. 그것은 조선 지성사의 한 축이 꺼진 사건이자, 시대의 사유를 이끌던 중심이 사라진 순간이었다. 그러나 제자들과 후학이 그 사유를 이어감으로써, 다산의 학문은 다시 살아 움직였다. 홍길주의 애도는 그 정신이 세대를 넘어 이어지고 있음을 증언한 선언이었다.

어떻게 인생을
마무리할 것인가

그리운 아버지와 어머니

해배 이듬해인 1819년(순조 19) 음력 4월 15일, 다산 정약용은 맏형 정약현과 함께 충주로 향했다. 그날은 맏형수 경주 이씨의 제삿날이었다. 충주 하담 선영에는 부모님 묘소와 더불어 맏형수의 묘가 함께 자리하고 있었다. 여유당을 떠난 다산은 남한강 물길을 따라 배를 타고 충주 땅에 닿자마자 곧장 선영으로 발길을 옮겼다.

묘 앞에 엎드린 다산은 한참 동안 고개를 들지 못했다. 1801년 신유년 봄, 억울한 누명을 쓰고 추국장에서 끌려 나오던 날, 부모님 묘소 앞에서 작별 인사조차 제대로 드리지 못했던 기억이 되살아났다.

나는 기를 늦게 받아 났기에	我生受氣晚
아버지가 내 막내라 하시었는데	父曰嗟余季

언뜻 삼십 년을 지나는 동안에	忽忽三十年
한 번도 그 뜻을 기쁘게 못 해드렸네	未或愉其志
무덤 속이 비록 어둡고 아득하지만	窀穸雖冥漠
옛사람은 여묘살이를 하였다오	昔人猶廬侍
아직도 신유년 봄이 기억나네	尙憶辛酉春
통곡하며 묘소를 하직하고서	痛哭辭靈隧
말도 먹이지 못한 채 떠났네	未暇秣馬行
금부의 관리가 재촉했기 때문이지	逼迫禁府吏
이후로는 영해 밖으로 떠돌면서	漂流嶺海外
구 년 동안에 겨우 두 번을 왔네	九載於焉二
봉분 앞에 서 있는 한 쌍의 나무는	墳前一雙樹
가지 잎새가 예전처럼 푸르른데	柯葉依然翠
인생은 도리어 너만도 못하여	人生不如汝
버림받는 게 어이 그리도 쉬운고	棄捐何容易

남은 생을 어떻게 살아갈 것인가

충주 하담 선영에서 부모 묘 앞에 엎드려 통곡한 그날 이후, 다산의 마음은 한층 고요해졌다. 슬픔은 그를 다시 깨어나게 했다. 잃은 것을 붙잡으려는 눈물이 아니라, 남은 생을 어떻게 살아야 할지를 묻는 눈물이었다. 그 통곡의 시간은 과거를 정리하고 새 길을 여는 시작이 되었다.

충주에서 돌아온 뒤, 다산은 마재 강가를 자주 걸었다. 어느 날 저녁, 강마을에는 저녁 짓는 연기가 피어오르고, 멀리 산봉우리는 눈으로 덮여 있었다. 별빛은 차가운 강물 위에 부서졌으나, 그 빛만큼은 오히려 또렷했다.

강마을 어둑어둑 저물어 가니	黯黯江村暮
성긴 울타리 너머 개 짖는 소리 들려오네	疏籬帶犬聲
물결 이는 별빛은 고요하지 않고	水寒星不靜
산은 멀건만 눈빛은 도리어 희구나	山遠雪猶明
생계를 도모함에 좋은 계책이 없고	謀食無長策
책을 가까이함에 작은 등잔이 있다오	親書有短檠
깊은 근심 끝내 떠나지 않으니	幽憂耿未已
어떻게 하여 일평생을 마칠거나	何以了平生

그날도 다산은 지팡이에 의지해 마을 어귀를 거닐며, 강 위에 반사된 별빛을 오래 바라보았다. 집집마다 피어오르는 밥 짓는 연기와 강물 위로 번지는 별빛은, 지나온 인생의 조각 같았다. 다산은 생각했다. 인생의 저녁 또한 이렇듯 서늘하면서도 단정해야 하지 않을까. 한때는 세상을 바꾸려 벼슬길에 나갔고, 또 한때는 뿌리째 뽑혀 유배지에서 모진 세월을 견뎠다. 이제 그 모든 세월을 흘려보내고, 눈 덮인 산봉우리처럼 고요히 자신을 내려놓을 때가 온 것이다. 물결은 흔들리고 별빛은 흩어졌으나, 그의 마음은 하얀 눈처럼 오히려 더 밝고 맑아졌다.

진실한 노년의 도리

작은 등잔불 아래, 다산은 조용히 앉았다. 세월이 흘러 벗들은 떠나고 아들들마저 중년에 이르렀다. 책상 위에는 다듬다 만 원고와 전하지 못한 편지 몇 장이 남아 있었다. 모든 일을 내려놓은 지금, 그는 조용히 자신에게 물었다.

"이제 남은 생을 어떻게 살아야 하는가."

유배의 고통도, 젊은 날의 열망도 모두 저문 시간 속으로 흘러갔다. 그러나 그 상처와 열망의 세월이 있었기에 비로소 오늘의 고요에 닿을 수 있었다. 세속의 명예는 떠났으나 마음속에는 아직 하나의 불빛이 남았다.

"책과 더불어 살아가는 일."

다산은 책장을 넘기며 다시 붓을 들었다.

바삐 바삐 가는 세월이여	駸駸徂年
어느새 저물었구나	欻焉旣暮
저녁에 허물을 짓고	夕而造愆
아침에 깨달았다 하였건만	朝焉已悟
깨닫고도 끝내 고치지 못하니	悟而弗改
진흙 위에 다시 진흙을 더함이로세	如塗塗附

세월은 달려가고, 깨달음은 언제나 늦게 찾아왔다. 다산은 그 사실을 부끄러워하면서도 피하지 않았다. 그에게 노년은 완성이 아니라 성찰이었다. 깨닫고도 다시 허물로 돌아가는 인간의 연약

함을 인정하는 것, 그것이 곧 진실한 노년의 도리였다.

다산은 늦은 밤 등잔불 아래 조용히 붓을 들었다. 세상과 멀어졌으나 글은 더욱 명징해지고 마음은 오히려 자유로웠다. 그것이 그가 선택한 삶이며 끝까지 지킨 원칙이었다. 등잔불이 점점 희미해질 무렵, 다산은 마지막으로 붓을 놓았다.

생의 끝자락에서
자신의 삶을 기록하기

남은 삶에 대한 마지막 점검

1822년, 환갑을 맞은 다산 정약용은 자신이 걸어온 삶과 학문의 전모를 정리했다. 그는 이 글을 〈자찬묘지명(自撰墓誌銘)〉이라 이름 붙였다. 자신의 무덤에 새길 글을 스스로 써 내려가며, 평생의 저술과 깨달음, 그리고 한 인간으로서의 반성과 다짐을 담았다. 죽음을 앞둔 유언이라기보다, 남은 삶에 대한 마지막 점검이었다. 학문과 형제, 그리고 신명의 깨달음. 다산은 명(銘)의 마지막에 자신의 학문 여정을 다음과 같이 회고했다.

"나는 역(易)을 익히고 예(禮)를 연구하여 경서의 뜻에 통달하게 되었는데, 깨달음이 올 때마다 신명(神明)이 나를 깨우쳐주는 듯하였다."

그는 학문을 지식의 축적이라 여기지 않고 하늘과 교감하는 내면의 체험으로 이해했다. 다산의 학문적 성취를 가장 잘 이해한 이는 정약전이었다. 그는 동생 다산과 주고받은 편지에서 이렇게 답했다.

"네가 이 경지에 이른 것은 네 스스로도 모를 것이다. 천 년 동안 가려졌던 도(道)를 밝혀낸 것이니, 신명(神明)이 너를 통하여 다시 깨어나는 것이다."

이 편지 속 대화는 다산 형제의 학문적 신뢰를 보여주는 동시에 다산의 사유가 이미 '성현의 도를 재해석하여 천리를 회복하려는 시도'였음을 말해준다.

저술의 총결과 세 가지 학문

다산은 〈자찬묘지명〉에서 자신의 저술을 차례로 열거하며 평생의 공부를 정리했다. 《경세유표》·《목민심서》·《흠흠신서》를 비롯해 《아방강역고》·《마과회통》·《아언각비》·《대동수경》 등 수백 권의 저술이 이어졌다. 이는 학문적 성과를 넘어서 한 인간이 고난 속에서 깨달은 실천의 기록이었다.

다산은 자신의 사유를 세 갈래로 나누어 정리했다.

"경세(經世)란 나라의 근본 제도를 세워 백성을 편안히 하는 일이다. 관제(官制)와 전제(田制), 부역(賦役)과 군제(軍制), 상세(商稅)와 창저(倉儲)를 바로잡아 시용(時用)에 구애되지 않게 함이 그 뜻이다. 이것이 곧 《경세유표》의 본뜻이다."

"목민(牧民)이란 법으로 백성을 다스리는 일이다. 수령의 청렴과 근면, 애민과 율기를 근본으로 삼고, 이(吏)·호(戶)·예(禮)·병(兵)·형(刑)·공(工)의 여섯 전(典)을 세워 행정의 도리를 바로잡았다. 백성한 사람이라도 그 은택 입기를 바라는 것이 나의 뜻이었다. 이것이 《목민심서》의 뜻이다."

"흠흠(欽欽)이란 인명(人命)에 관계된 옥사를 바르게 다스리는 일이다. 경사(經史)를 근본으로 삼고 비의(批議)로써 보좌하며 공안(公案)을 증거로 삼되, 반드시 공평히 상정(商訂)하여 억울함이 없게 함이 그 뜻이다. 이것이 《흠흠신서》의 뜻이다."

이 세 권의 책은 각각의 영역에서 다산의 정수를 보여준다. '경세'는 제도 개혁, '목민'은 백성 구제, '흠흠'은 정의 실현이었다. 그에게 학문이란 천리를 인간의 세계 속으로 옮겨 하늘의 뜻을 현실에서 구현하는 행위였다. 이후 다산은 이렇게 자신의 공부를 요약했다.

"나는 육경(六經)과 사서(四書)로써 몸을 닦고, 1표(表)와 2서(書)로써 천하와 국가를 다스리고자 하였으니, 이로써 본말(本末)이 갖추어졌다. 그러나 알아주는 이는 적고, 나무라는 이는 많았다. 만약 천명(天命)이 나의 뜻을 인정하지 않는다면, 비록 한 횃불로 이 모든 책을 태워버려도 좋다."

이 마지막 글은 다산 사상의 핵심이다. 그에게 학문은 몸과 세상을 함께 다스리는 일이었다. 육경과 사서는 자신을 닦는 근본(本)이며, 표(表)와 서(書)는 세상을 경영하는 실용(末)이었다. 그는 본과 말이 하나로 통하는 삶, 즉 수기치인(修己治人)을 자신의 평생 과업으로 삼았다. 하늘이 허락하지 않는다면 한 횃불로 태워버려도 좋다는 말 속에는 지식에 대한 교만이 아니라, 오직 하늘의 공정한 심판만을 믿겠다는 다산의 담담한 신념이 담겨 있다.

한 갑자의 회고와 고백

다산은 〈자찬묘지명〉에서 자신의 인생을 이렇게 요약했다.

"내가 태어난 지 육십 년, 한 갑자를 모두 죄와 뉘우침으로 지냈다. 이제부터는 정밀히 닦고 실천하며, 하늘의 밝은 명을 돌아보며 여생을 마치리라."

그는 젊은 날의 명예와 좌절, 유배의 고통과 해배 후의 고요를 이 한 문장 속에 담았다. 모든 영광과 수치, 깨달음과 회환이 '하늘의 명(命)'이라는 하나의 중심으로 모였다. 이 시점에서 다산은 더 이상 '정약용'이 아니라, 하늘의 뜻을 기다리는 사람, '사암(俟菴)'이 되었다.

〈자찬묘지명〉 마지막 부분에서 그는 자신의 명(銘)을 지었다.

네가 네 선행(善行) 기록하면	爾紀爾善
여러 장이 되겠지만	至於累牘
너의 숨은 허물을 기록한다면	紀爾隱慝
책에 다 적을 수 없으리라	將無罄竹
너는 말하기를	爾曰予知
"나는 사서육경을 안다" 하지만	書四經六
그 행실 생각해보면	考厥攸行
어찌 부끄럽지 않으랴	能不愧恧
너는 명예를 구하려 하나	爾則延譽
찬양할 것이 없도다	而罔贊揚
몸으로 증명해야	盍以身證

드러나고 빛나게 된다네	以顯以章
네 분잡한 마음을 거두고	斂爾紛紜
네 들뜬 기운을 멈추어라	戢爾猖狂
부지런히 하늘을 섬긴다면	俛焉昭事
마침내 복이 있으리라	乃終有慶

 그는 자신의 허물을 먼저 기록했고, 지식을 자랑하기보다 몸으로 실천하리라 다짐했다. 배운 것을 행함으로 드러내고 아는 것을 겸손으로 다스리는 것, 그것이 다산이 평생 추구한 '성학(聖學)'의 본령이었다. 그가 말한 '하늘을 섬긴다'는 것은 하늘에 제사를 올리는 일이 아니라, 자신의 행실로 하늘의 뜻을 드러내는 일이었다.
 다산에게 하늘은 초월적 존재가 아니라, 인간의 마음속에서 옳고 그름을 비추는 도덕의 근원이었다. 그는 그 거울 앞에서 한평생을 성찰하며, 배우고 실천했다. 그가 남긴 수많은 책과 문장은 결국 그 거울을 닦아온 기록이었다.

4 …

·
이제 남은 삶은
되새기고 남기는 시간이었다.
어떤 길을 걸어왔는지
무엇을 지키려 했는지
그리고 누구에게 어떤 세상을 건네고
떠나야 하는지를
다산은 스스로에게 묻고 또 물었다.

그 물음의 끝에서
그는 다시 붓을 들었다.
남은 글은 말이 아니라 책임이었고
지나온 삶은 명예가 아니라 증언이었다.

무엇을 남길 것인가

— 헌신과 감사

죽은 자식이
산 자식의 두 배

잔혹한 시련의 시작

다산은 생전에 아홉 명의 자식을 두었다. 그중 여섯 자식을 먼저 떠나보내야 했다.

"여섯 아들과 세 딸을 낳았는데, 아들 둘과 딸 하나만 살았고 아들 넷과 딸 둘은 죽었으니 죽은 자식이 산 자식의 두 배였다. 아아, 내가 하늘에 무슨 큰 죄를 지었기에 이토록 잔혹한 시련을 겪는단 말인가."

다산의 생애를 꿰뚫는 가장 깊은 고통은 바로 이 상실에서 비롯되었다. 첫 비극은 결혼 4년 만인 1780년에 찾아왔다. 예천에 머물던 시절 부인 홍씨가 아이를 유산한 것이다. 이듬해 다시 얻은 첫딸은 조산으로 태어나 나흘 만에 세상을 떠났다. 학질에 시달리던 산모가 힘겹게 낳은 아이였다. 이름을 붙이기도 전에 잃어야 했던 첫딸은 서울 용산 왜고개 언덕에 조용히 묻혔다. 다산의 가슴속에 새겨진 첫 상흔이었다.

뒤이어 태어난 둘째 무장과 셋째 문장은 무사히 성장했지만, 그 다음 얻은 아들 구장과 딸 효순은 유년을 넘기지 못했다. 다산은 이 둘을 위해 묘지명을 지었으나, 무덤에 묻은 글이 아니었다. 다만 책 속에 기록으로 남겼을 뿐이다.

죽어서도 서로 기대어 있으라고

구장은 네 번째 태어난 자식이다. 1789년 12월 25일에 태어났으나, 음력으로는 해를 넘겼기에 실제 출생은 1790년으로 기록된다. 그해는 마침 다산의 부친 정재원이 회갑을 맞던 해였다. 새로 태어난 손자를 안고 정재원은 "나와 갑장이구나" 하며 기뻐했다.

다산은 자식을 많이 낳은 것을 부끄럽게 여겨 이름에 '두려워할 구(懼)'를 넣어 '구장'이라 지었다. 사랑이 깊어지자 '구악(懼岳)'이라 불렀다. 아버지를 두려워하면서도 따르는 아이, 늘 곁을 맴도는 모습이 애틋했기 때문이다.

1791년, 다산은 진주에 부임해 있던 부친을 만나러 길을 나섰다. 구악은 함께 가고 싶다고 졸랐으나, 다산은 끝내 떼어놓았다. 먼 여행길에 혹시라도 병이 날까 두려웠던 탓이다. 불안은 현실이 되었다. 다산이 진주에 도착했을 무렵, 집에 있던 구악은 천연두에 걸려 앓고 있었다. 병세가 깊어질수록 아들은 아버지를 애타게 찾았다. 다산이 집에 돌아왔을 때 구장은 아버지를 알아보았으나, 기력이 없어 품에 달려들지 못했다. 며칠 뒤 다리에 종기가 나더니 4월 2일, 끝내 숨을 거두었다. 훗날 다산은 그날을 이렇게 고백했다.

"내가 촉석루 아래에서 남강 물결을 따라 노래하고 춤추던 그 시각, 내 아들은 신음하며 고통에 시달리고 있었구나."

다산은 괴로움에 울며 마재 선영의 증조부 묘소 곁에 아들을 묻었다. 그리고 짧은 시 한 수를 남겼다.

가을 난초는 저절로 돋아나	秋蘭兮羅生
무성하더니 먼저 시들었네	萋萋兮先萎
혼은 올라가 희고 맑아	魂升兮皎潔
꽃 아래서 놀고 있으리	花下兮遊戲

구악을 떠나보낸 뒤, 다섯째 아이가 태어났다. 1792년 2월 20일, 무사히 태어난 아이에게 부부는 '효순(孝順)'이라는 이름을 주었다. 효순은 순하고 살가운 아이였다. 부모가 언성을 높이면 환한 웃음으로 분위기를 풀었고, 아버지가 공부에 몰두하느라 끼니를 거르면 서툰 말로 "아버지, 진지 드세요" 하며 살갑게 말했다. 사랑스러운 딸 효순도 두 살을 채 넘기지 못했다. 1794년 정월 초하룻날, 천연두에 걸린 효순도 끝내 숨을 거두었다.

그보다 먼저 세상을 떠난 구악이 이미 마재 언덕에 묻혀 있었다. 이제 효순도 그 곁에 잠들었다. 다산은 두 무덤을 종이 한 장 간격으로 나란히 두었다. 살아서도 죽어서도 서로 기대어 있으라는 아버지의 바람이었다.

귀엽던 얼굴 다시는 볼 수가 없다니

1795년 가을, 다산은 서른넷의 나이에 금정으로 유배 아닌 유배를 떠나야 했다. 집으로 돌아온 때는 해가 바뀐 뒤였다. 이듬해 정월 초하루, 별자리가 다시 열리듯 새 생명이 찾아왔다. 그리고 11월 5일, 사내아이가 태어났다. 유배에서 돌아온 뒤 얻은 아이, 정조 임금에게 '문명(文明)'이라는 글자를 하사받던 해에 태어난 아이였다. 세 가지 기쁨이 겹친 이 아이를 부부는 '삼동(三童)'이라 불렀다.

삼동은 아버지를 쏙 빼닮았다. 정수리와 이마의 뼈마디가 또렷했다. 집안에서는 이마가 용처럼 솟았다 하여 '복서(伏犀)'라 불렀다. 그러나 행복은 오래가지 않았다. 1797년 가을, 다산은 온 가족을 데리고 곡산으로 자리를 옮겼다. 이듬해 여름, 고을에 천연두가 돌기 시작했다. 삼동도 그 불운을 피하지 못했다. 발진이 돋았으나 배설을 하지 못했고, 입과 목에는 아감창(牙疳瘡)이 번지며 병세가 급격히 깊어졌다. 1798년 9월 4일, 겨우 두 살이 된 삼동이는 끝내 세상을 떠났다.

다산은 광주 조곡에 삼동이를 묻었다. 그러나 슬픔은 쉬이 가시지 않았다. 다음 해 봄, 그는 결심 끝에 아들의 무덤을 마재 언덕으로 옮겼다. 이미 그곳에는 앞서 보낸 구악과 효순이가 잠들어 있었다. 살아서 함께 뛰놀지 못했던 자식들이, 죽어서는 나란히 누워 서로의 곁을 지켜주길 바란 아비의 마음이었다.

다산은 삼동이를 위한 시 한 수를 지었다.

네 모습이 숯처럼 검게 그을려   爾形焦黑如炭

옛날 그 귀엽던 얼굴 다시는 볼 수 없구나	無復舊時嬌顔
귀여운 얼굴 아득하여 기억조차 희미하니	嬌顔恍忽難記
우물 밑에서 별을 보는 듯 멀구나	井底看星一般
네 영혼은 눈처럼 맑고 깨끗하여	爾魂潔白如雪
훨훨 날아 구름 속으로 들어가 버렸구나	飛飛去入雲間
구름 속은 천 리, 만 리나 멀어	雲間千里萬里
부모는 그저 눈물만 하염없이 흘릴 뿐이라	父母淚落潸潸

요절한 아이도 기록하고 기억해야

다섯 아이를 잃은 뒤 마지막 희망처럼 다가온 자식이 있었다. 삼동이가 세상을 떠난 지 2년 뒤인 기해년(1799) 12월 2일 태어난 막내아들 농아였다. 그러나 그 아이마저 세 돌도 채 되지 못한 임인년(1802) 11월 30일, 조용히 눈을 감았다. 처음엔 단순한 홍역이었으나 곧 천연두로 번졌고, 온몸에 종기까지 퍼지면서 병세는 빠르게 깊어졌다. 농아는 다산의 아홉 번째 자식이자, 여섯 번째로 세상을 등진 아이가 되었다.

농아의 짧은 삶은 고작 세 해였다. 그중 두 해를 아버지와 떨어져 지냈으니 다산의 말을 빌면, 인생으로 치면 여든 해를 사는 동안 마흔 해를 부모 없이 보낸 셈이다. 어찌 가슴 아프지 않겠는가. 농아가 태어났을 무렵 다산은 이미 벼랑 끝에 서 있었고, 그래서 아이의 이름에 '농(農)' 자를 넣어, 농부가 땅을 일구듯 조용히 살아가기를 바랐다. 그러나 그 소망은 끝내 이루어지지 않았다.

"나는 차라리 죽는 것이 사는 것보다 나은 사람이다. 황령을 넘고 열수(한강)를 건너는 길이 오히려 반갑구나. 하지만 너는 살아 있는 것이 죽는 것보다 분명 더 나았던 아이였는데, 이승을 먼저 떠났으니, 이것이 인간의 힘으로 어찌할 수 있는 일이겠느냐."

막내 농아가 사경을 헤매고 있을 무렵, 다산은 부인 홍씨가 보낸 편지를 받았다. 떨리는 손으로 봉투를 열자, 농아의 병세와 함께 아이가 했다는 말이 적혀 있었다.

"아버지가 돌아오시면, 제 병이 나을 거예요."

다산은 속으로 이 말을 곱씹으며 눈물을 삼켰다.

"너는 아직 어려 아비가 왜 돌아올 수 없는지를 알지 못했구나. 그저 이 아비를 마음의 버팀목 삼아, 아픈 몸을 붙들고 있었던 것이리라."

농아는 아버지를 기다리다 끝내 눈을 감고 말았다.

1801년 겨울, 과천 점사에서 강진으로 가는 유배 길에 오르던 날, 아내는 농아를 품에 안고 나와 전송했다.

"저분이 네 아버지란다."

그 말에 아직 말이 서툰 아이가 따라 외쳤다.

"아버지!"

그 짧은 한 마디가 마지막 인사가 되었다.

다산은 강진에서 농아가 좋아하는 소라 껍질을 고향 집으로 보냈다. 뒤이어 도착한 아내의 편지에는 이렇게 적혀 있었다.

"농아가 강진에서 사람이 올 때마다 소라 껍질을 찾다가 받지 못하면, 한동안 풀이 죽곤 했습니다. 죽기 직전에야 비로소 소라 껍질이 도착했습니다."

그 대목을 읽는 순간, 다산의 가슴은 미어졌다.

농아는 코 왼편에 작은 사마귀가 있었고, 웃을 때 송곳니 두 개가 살짝 드러났다. 그 앙증맞은 모습이 밤마다 눈앞에 떠올랐다. 부고를 전한 편지에는, 아이가 태어난 날과 같은 날에 묻혔다고 적혀 있었다.

다산은 복로 이기양 선생의 말을 떠올렸다.

"요절한 아이들도 생년월일과 이름, 자(字), 생김새, 죽은 날까지 기록해 후대가 그 존재를 잊지 않도록 해야 한다."

다산은 그 뜻을 깊이 새기며, 죽은 자식들의 명(銘)을 남겼다. 아이들의 삶이 짧았다고 해서 존재마저 사라지게 할 수는 없었다. 여섯 아이를 잃은 다산과 아내 홍씨는 훗날 선영이 있는 충주 하담이 아닌 고향 마재에 함께 묻혔다. 살아서는 지켜주지 못했으나, 죽어서라도 아이들 곁을 떠나지 않으려는 마지막 약속이었다.

〈너를 그리는 노래[憶汝行]〉

어린 아들 구장의 죽음을 슬퍼하며 지었다.

지난날 네가 나를 떠나보내던 때	憶汝送我時
옷자락 붙잡고 놓으려 하지 않았지	牽衣不相放
돌아와 보니 네 얼굴에 기쁨이 사라져	及歸無歡顔
원망 서린 기색이 어려 있더구나	似有怨慕想
마마로 죽는 건 어찌할 수 없는 일이지만	死痘不奈何
종기로 죽다니 어찌 이리 원통한가	死豈不枉
웅황 약 썼다면 독기를 몰아냈을 텐데	雄黃利去惡
그 사악한 균이 어찌 자랄 수 있었으랴	陰蝕何由長
인삼과 녹용을 이제 막 먹이려던 참에	方將灌蔘茸
냉한 약을 썼다니 어찌 그리 어리석은가	冷藥一何佞
지난번 네가 모진 고통에 시달릴 때도	曩汝苦痛楚
나는 한창 흥청망청 즐기고 있었구나	我方愉佚宕
푸른 물결 위에서 북을 울리고	撾鼓綠波中
붉은 누각에서 기녀와 어울렸으니	携妓紅樓上
마음이 방탕하면 재앙 받는 법	志荒宜受殃
어찌 감히 징계를 피할 수 있으랴	惡能免懲創
내 너를 소내 마을로 떠나보내어	送汝苕川去
서산 기슭에 묻어주리라	且就西丘葬
나 또한 그 곁에서 여생을 보내며	吾將老此中
네가 의지할 곳을 마련하리라	使汝有依仰

며느리의 무덤을
찾아간 날

요절한 며느리 효부 심씨

고향에 돌아온 다산의 마음속에 가장 먼저 떠오른 이는, 서른을 채 넘기지 못하고 세상을 떠난 며느리 심씨였다. 열네 살 어린 나이에 둘째 아들 학유의 아내가 되어 집안에 들어온 앳된 소녀. 순하고 단정한 얼굴이 눈앞에 선하게 그려졌다.

1787년 정미년에 태어난 심씨는 남편인 정학유보다 한 살 위였다. 1800년 봄, 정조가 세상을 뜨던 해에 시집왔으나 그 이듬해 다산은 유배지로 끌려갔다. 하루아침에 풍비박산이 된 시댁에서 어린 며느리는 시어머니 곁을 지켰다. 몸은 약했으나 마음은 단단한 여인이었다. 그렇게 17년을 버텼으나 1816년 늦여름, 끝내 병세를 이기지 못하고 숨을 거두었다. 자식 하나 남기지 못한 채였다. 다산이 고향으로 돌아온 때는 며느리 심씨가 세상을 떠난 지 3년이 흐른 뒤였다.

마재로 돌아온 그해 가을, 다산은 부인 홍씨와 함께 며느리의 무덤을 찾았다. 묘는 여유당이 자리한 마재 서편, 볕이 오래 드는 언덕에 있었다. 무덤가엔 잡풀이 무성했다. 다산은 말없이 풀을 뽑았다. 노부부의 눈가에 눈물이 번졌다. 짧은 생애, 고생만 하다 간 며느리가 너무도 애달팠다.

　홍씨 부인은 오래전의 기억을 더듬었다.

　"나는 지금도 그 아이의 손길을 잊을 수 없어요. 성품이 어질고 침착했지요. 나를 친어머니처럼 모시며 함께 자고 함께 일어났습니다. 먹을 것이 생기면 먼저 내게 권하고, 정작 자기는 내가 남긴 것을 아무렇지 않게 먹곤 했지요. 어느 겨울이었을 거예요. 내가 탈이 나 밤새 설사로 고생하던 날, 열 번도 넘게 뒷간을 오가며 신음했는데 그때마다 며느리는 잠결에도 벌떡 일어나 내 곁을 지켰습니다. 날은 춥고 눈보라가 몰아쳤으나 단 한 번도 싫은 기색을 보이지 않았어요. 내 신음소리에 안절부절못하며 끝까지 나를 돌보던 모습을 지금도 잊지 못합니다."

　며느리 심씨는 평소 병약한 몸이었으나 홀로 남은 시어머니 곁을 떠나지 않았다. 다산은 어느 날 아내에게 말했다.

　"당신은 좀처럼 사람을 칭찬하지 않는데, 그 아이를 두고 그렇게 말하는 걸 보니 과연 하늘이 내린 효부가 틀림없구려."

　가련하게 세상을 등진 며느리를 위해 다산은 직접 묘지명을 지었다. 짧지만 절절한 시 한 수가 전한다.

시아버지 섬긴 건 불과 일 년이라　　　　爲汝舅裁一年

나는 네 착함을 다 알지 못했지만	吾不知其賢
시어머니 모신 세월은 십구 년이라	爲汝姑十九年
시어머니는 너를 두고 가련하다 하네	姑曰汝可憐

진정한 벗이었던 사돈지간

며느리 심씨의 친정아버지는 청송 심씨 가문의 유학자 심오(沈澳)이다. 1754년에 태어난 그는 다산보다 여덟 살 위였으나, 다산은 그를 늘 "나의 벗"이라 불렀다. 두 사람은 사돈으로 맺어진 연을 넘어, 학문과 마음을 함께 나눈 진정한 벗이었다.

두 사람의 인연은 성균관에서 시작되었다. 1783년, 다산이 스물두 살의 나이로 생원시에 합격해 성균관에 들어갔을 때, 심오는 이미 나이 많은 유생으로 묵묵히 학문에 정진하고 있었다. 심오는 말수가 적고 성정이 고요한 인물이었으며 학문에 대한 성실함과 곧은 인품으로 유생들의 신망이 두터웠다. 반면 다산은 기민하고 날카로운 기질로 매일 책을 파고들며 문제의식을 세우는 데 집중했다. 성정은 달랐으나 두 사람은 서로를 존중했다. 때로는 함께 밤을 새워 주자학과 《자치통감강목(資治通鑑綱目)》을 토론하곤 했다. 그 시절의 기억은 다산의 마음에 오래 남았다.

정조가 개혁의 깃발을 들었던 그 무렵, 두 사람은 도학(道學) 정치를 꿈꾸던 젊은 지식인이었다. 그러나 그들이 가는 길은 달랐다. 심오는 끝내 과거(科擧)의 길을 접고 조용히 유학자로 살았다. 그러한 연유로 사료에 그의 이름은 거의 남아 있지 않다. 다만, 1791년 신해년, 정조가 성균관에서 유생들과 《자치통감강목》을 강론하던 자리에서, 진(晉)나라 역사를 두고 임금의 물음에 응답한 인물이 바로 심오였다는 기록만이 유일하게 전해질 뿐이다.

며느리 가문의 족보를 정리한 시아버지의 마음

마재의 외딴 시골로 시집와 병약한 몸으로 세상을 일찍 떠난 며느리 심씨. 그 애통한 기억은 시아버지 다산의 마음을 평생토록 아프게 했다. 그래서였을까, 그는 생전에 사돈 심오를 자신의 글에 거의 언급하지 않았다. 아마도 미안한 마음이 앞섰기 때문이 아니었을까. 그러나 며느리의 묘지명에는 며느리의 가계(家系)를 상세히 기록해 두었다. 그 글 속에는 며느리에 대한 애틋한 회한과 사돈 집안에 대한 깊고 내밀한 존중이 배어 있다.

다산은 며느리의 친정이 역사 속에서 빛나는 인물들을 배출한 집안임을 강조했다. 다산의 기록에 따르면, 심오의 부친인 심경석은 예천 용궁현 현감을 지낸 인물인데, 벼슬은 높지 않았으나 수려한 산수 속에서 후학을 기르며 고요히 삶을 마쳤다. '땅 위에 용궁을 짓겠다'라는 뜻을 가진 이름처럼, 용궁현은 수월루와 회룡포의 빼어난 풍광으로 지금도 많은 이들의 기억 속에 선명하게 남아 있다.

청송 심씨 가문의 뿌리는 고려 말로 거슬러 올라간다. 중시조 심덕부는 태조 이성계를 도운 개국공신이며, 그의 아들 심온은 세종의 장인이자 영의정을 지낸 인물이다. 심온의 후손 가운데 심달원은 조광조 문하에서 개혁을 도모하다 기묘사화로 유배된 명현으로 이름을 남겼다.

심씨 가문이 정치적으로 남인 계열로 기운 것은 심오의 7대조 심우승부터였다. 그는 선조 때 경기 관찰사를 역임했고, 퇴계 이황의 제자인 고봉 기대승에게 수학하며 동인의 맥을 잇다가, 이후 남인의 주요 계열을 이루었다. 그의 아들 심액은 이조판서를 지내며 가문을 대표하는 남인 거두로 자리매김했는데, 이 집안의 혼인 관계는 더욱 특별했다. 차남 심광사가 부자(父子) 청백리로 유명한 이제신의 아들 이명준의 딸과 혼인하면서, '청렴'이라는 가치를 가문의 피처럼 이어받게 된 것이다. 실제로 다산은 《목민심서》에서 이명준의 강직한 삶을 여러 차례 인용하며 이상적인 목민관의 본보기로 삼았다.

심광사의 사촌 심광면은 고산 윤선도의 사위가 되어 문학과 예술의 기풍을 공유했다. 조선 후기 문학사의 거봉인 윤선도와의 혼인은 심씨 가문에 문화적 품격을 더하는 결합이었다. 게다가 심오의 조부 심곡은 예조판서를 역임하며 가문의 기반을 세웠다. 그로부터 이 집안은 청렴과 학문, 풍류를 갖춘 사대부 명문으로 이름을 떨쳤다.

흥미로운 점은 나주 정씨와 청송 심씨가 단 한 번이 아니라 두 차례나 겹사돈을 맺었다는 사실이다. 다산의 외조카, 즉 이승훈의 딸이 심씨 가문으로 출가한 데 이어, 그 후손이 다시 다산의 손자 정대무(丁大茂)와 혼인하였다. 한 집안에서 며느리도, 이어서 손자며느리도 맞이한 특별한 인연이었다.

이처럼 각별한 인연이 이어졌으니 요절한 며느리 심씨에 대한 다산의 안타까움과 여한이 더했으리라. 심씨 가문의 족보를 더듬어 적어 내려간 다산의 글 속에는 한 집안의 가계(家系)를 넘어, 먼저 간 며느리에 대한 깊은 애도와 사돈 집안에 대한 각별한 예우가 담겨 있다.

어머니 같았던
형수에 대한 추억

어머니의 부재를 잊게 해준 사람

나주 정씨 집안에 시집와 천수를 누리지 못하고 애틋하게 삶을 마감한 여성은 요절한 둘째 며느리 심씨만이 아니었다. 다산의 맏형수인 경주 이씨 또한 그러했다. 딸만 두었을 뿐 아들을 두지 못해 후사를 잇지 못했으나, 다산은 형수를 결코 잊지 않았다.

세월이 흐른 뒤 형수의 묘지명을 쓰며 가장 먼저 떠올린 것은 어린 시절 연천 고을에서 지내던 기억이었다. 1767년 다산의 나이 6세 때 부친 정재원은 연천현감으로 부임하여 가족과 함께 관아에 살았다. 깊은 산줄기가 병풍처럼 둘러싸인 마당은 고즈넉한 기운으로 가득했다. 어머니 윤씨는 공무에 바쁜 남편을 내조하며 집안을 돌봤다.

그 곁에서 어린 다산은 맏형수인 경주 이씨와 함께 저포 놀이에 한창이었다. 아이들 놀이치고는 제법 규칙도 까다롭고 점수도 따져야 했기에 집중이 필요했다. 형수는 놀라울 만큼 손이 빨랐다. 말판 위에 조각을 던지면 또랑또랑한 소리가 났고, 그때마다 낭랑한 외침이 뒤따랐다.

"삼이야, 육이야!"

맑은 웃음소리와 장난스런 말이 마당 가득 울려 퍼졌다. 햇살 아래 튀어 오르는 저포 조각과 형수의 웃음이 한데 어우러져 어린 다산의 기억 속에 행복한 장면으로 각인되었다.

그 시절 다산에게 맏형수는 누이 같기도 하고 다정한 벗 같기도 했다. 어린 시동생 앞에서 어른 노릇을 하지 않았으며 작은 몸짓에도 웃어주던 사람이었다. 부엌에서 시어머니를 거들다가 마당을 지나며 건네던 눈빛은 늘 부드럽고 따뜻했다. 어머니의 따스한 보살핌, 누이 같던 형수와 함께하던 즐거운 놀이, 장독대 사이로 퍼지던 장 냄새, 형수가 젖은 손으로 닦아주던 이마. 일상의 소소한 장면들은 훗날 다산의 회고에서 한 폭의 그림처럼 되살아났다.

그러나 그 시절은 오래가지 않았다. 아홉 살 되던 해, 다산은 어머니 해남 윤씨를 여의었다. 집안은 순식간에 적막에 잠겼다. 어린 다산에게는 감당할 수 없는 상실이었다. 이제 형수는 더 이상 놀이를 함께하던 누이가 아니었다. 시어머니의 빈자리를 대신 지켜야 하는 사람이었다.

머리엔 이가 들끓고, 얼굴엔 눈물 자국과 때가 눌어붙은 다산을 형수는 책망하지 않았다. 따뜻한 물을 대야에 받아 얼굴을 씻기고 머리를 빗겨주며 조용히 달랬다. 때로는 손등으로 물을 튀기며 장난을 걸었다. 어린 시동생이 빗을 뿌리치면 일부러 콧노래를 흥얼

거리며 웃음을 이끌어냈다.

그 다정한 풍경은 무너진 집안에 잃어버린 웃음을 잠시나마 되살려주었다. 시어머니의 손길을 대신해 형수는 묵묵히 어린 시동생을 돌봤다. 말수는 적었으나 손끝에 담긴 정성은 시어머니와 다르지 않았다. 그 덕분에 다산은 어머니의 부재를 다소나마 잊을 수 있었다.

장부같이 집안을 책임지다

다산은 "여자이지만 우뚝하기가 장부와 같았다"라고 맏형수 경주 이씨를 회고했다. 이는 긴 세월 동안 가슴속에 묻어 두었다가, 마침내 꺼내 놓은 고백이자 증언이었다. 세상의 평판을 의식해 꾸민 말이 아니라 형수의 생애를 끝까지 지켜본 사람만이 남길 수 있는 진실한 기록이었다.

해남 윤씨가 세상을 떠나자 곧이어 정재원도 벼슬에서 물러나 고향으로 돌아왔다. 세월은 느리지만 분명하게 한 가문의 생기를 앗아가고 있었다. 그러나 경주 이씨는 주저앉지 않았다. 누구보다 먼저 일어나 하루를 열었고, 누구보다 늦게 잠들며 집안을 단속했다.

패물과 장신구를 하나둘 내다팔아 쌀과 땔감을 마련했다. 겨울을 나는 옷이라곤 솜조차 들지 않은 홑바지 한 벌뿐이었다. 살갗에 스며드는 찬 기운에 밤마다 잠을 설치면서도 내색 한번 하지 않았다. 더 따뜻한 이불을 청하지 않았고, 새 옷을 바라지도 않았다. 사람들은 그녀를 말수가 적고 살림을 알뜰히 꾸리는 이로만 여겼지, 조용한 태도 속에 숨어 있던 인내와 절제의 무게까지는 눈치채지 못했다.

그녀의 희생은 늘 조용했다. 눈물을 보이지 않았으며 피곤하다고 말하지도 않았다. 늘 단정한 모습으로 부엌과 안채를 오갔고, 어른 앞에서는 예를 다하며 아이들 앞에서는 웃음을 잃지 않았다. 세월이 한참 흐른 뒤에야 다산은 깨달았다. 형수의 삶은 단순히 고통을 '참아낸' 것이 아니라, 삶을 끝까지 '감내한' 것이었음을. 그것은 감정을 억누른 체념이 아니라, 무너지는 집안을 붙들고자 한 의지였다.

가슴에 묻은 아들

경주 이씨는 이벽(李蘗)의 친누이다. 이벽은 우리 역사에서 최초로 천주교를 신앙으로 삼은 인물이다. 경주 이씨는 열다섯 살에 나주 정씨 집안으로 시집왔다. 남편 정약현은 다산 정약용의 이복형이자 집안의 장손이었다. 문과 시험에 합격하지 못한 탓에 벼슬에 오르지는 못했으나 단정한 품성과 두터운 우애로 집안을 지켰다. 시아버지 정재원 또한 평소 장남의 절도를 자랑스러워했다. 다산은 훗날 맏형을 두고 "가장 흠이 없고 꾸밈이 없는 사람"이라 회상했다. 경주 이씨는 그런 남편의 성정에 걸맞게 몸가짐을 낮추고 살림을 알뜰히 꾸렸다.

겉으로는 정돈되고 고요한 삶처럼 보였으나, 경주 이씨의 가슴 속에는 감당하기 어려운 결핍이 숨어 있었다. 어렵사리 얻은 아들마저 오래 두지 못해 결국 두 딸만 남기고 후사를 잇지 못했다. 자식을 잃은 슬픔은 무엇보다 그녀에게 깊은 상처였지만, 겉으로 드러내지 않았다. 장례 자리에서도 흐느낌 없이 아이의 작은 옷가지를 거두는 손길은 조용하기만 했다.

형수의 너그러움을 기록하다

1780년 경자년, 시아버지 정재원이 벼슬을 얻어 예천군수로 부임할 때였다. 행장을 꾸려 낯선 고을로 향하는 길에 맏며느리 경주 이씨도 함께 나섰다. 내조가 아닌 가족의 의무에 가까운 여정이었으나, 그녀는 묵묵히 따랐다. 그러나 예천의 습하고 드센 기운, 낯선 풍토와 불결한 환경으로 인해 지내기가 쉽지 않았다. 당시 고을에는 돌림병이 창궐해 마을마다 부고가 이어졌다. 불행하게도 경주 이씨 또한 그 화를 피하지 못했다.

병세는 빠르게 깊어졌다. 열이 치솟은 데다가 기침마저 좀처럼 가라앉지 않았다. 그녀는 서서히 기력을 잃어갔다. 4월 15일, 서른을 갓 넘긴 젊은 나이에 눈을 감았다. 남편 정약현은 비통한 마음으로 아내의 시신을 수습해 충주 하담 선영에 장례를 치렀다.

다산은 형수를 기리는 마음을 여덟 줄의 시에 응축했다. 그 절제된 시구는 곧 그녀의 생애를 대신하는 비문이 되었고, 형수의 삶을 가슴에 묻은 이의 깊은 한숨이자 애도의 기록으로 남았다.

시어머니 섬기기 쉽지 않거니	事姑未易
계모인 시어머니는 더욱 어렵네	姑而繼母則難
시아버지 섬기기 쉽지 않거니	事舅未易
홀로된 시아버지는 더욱 어렵네	舅而無妻則難

시숙 대우하기 쉽지 않거니	遇叔未易
어머니 없는 시숙은 더욱 어렵네	叔而無母則難
그런 처지에 유감없이 해냈으니	能於是無憾
이것이 형수의 너그러움일세	是惟丘嫂之寬

조선 후기, 남성 중심 세상에서 이름 없이 스러져간 수많은 여성. 그들의 희생과 품성은 어디에도 기록되지 못한 채 사라지기 일쑤였다. 다산이 형수를 위해 남긴 글은 그 시대 여성의 삶에 대한 드문 기록이다. 절제된 시구, 짧은 묘지명 한 편. 그것이 다산이 맏형수에게 바칠 수 있었던 마지막 예이자 후대를 향한 가장 진실한 증언이었다.

또 다른 어머니의
헌신을 기억하며

스무 살에 시집온 서모 김씨

생모 해남 윤씨는 다산이 아홉 살 되던 해 세상을 떠났다. 짧은 세월이었으나, 그 품 안에서 어린 아들 다산은 깊은 사랑을 받았다. 어머니를 잃은 뒤에도 다산 곁을 지켜준 또 한 사람이 있었다. 세상은 그녀를 '측실'이라 불렀지만, 다산에게 그녀는 분명 또 다른 어머니였다.

김씨가 나주 정씨 집안에 시집온 것은 다산이 열두 살 되던 해였다. 사춘기 초입, 머리에는 서캐가 가득해 긁은 자리가 곪아 고름이 맺히던 시절이었다. 그때 스무 살 젊은 여인이 새어머니로 들어왔다. 서울에서 태어난 그녀는 예조판서를 지낸 명문가 출신이었다. 하지만 그녀에게는 화려한 혼례도 넉넉한 살림도 허락되지 않았다. 남편 정재원은 벼슬에서 물러나 있었고, 해마다 거처를 옮겨 다녀야 했다. 그런 상황에서 젊은 서모는 묵묵히 생활을 감당했다.

김씨는 막 사춘기에 접어든 다산을 친자식처럼 품었다. 머리에 가득한 이를 손수 빗어주고, 곪아 터진 고름을 말끔히 씻어주었다. 그 손길은 다산의 기억 속에 오래도록 남았다. 장년이 된 뒤에도 그는 그 순간을 생생히 떠올리며 혈연을 넘어선 헌신의 은혜를 마음 깊이 새겼다.

다산의 부친 정재원은 생애 동안 네 번 혼례를 치렀다. 첫 부인 의령 남씨는 장남 약현을 낳고 이른 나이에 세상을 떠났다. 두 번째 아내 해남 윤씨는 약전, 약종, 약용 삼 형제를 낳았다. 그러나 그녀 또한 오래 살지 못하고 1770년 세상을 떠났다. 이듬해 맞은 황씨 여인 역시 젊은 나이에 생을 마감했다. 잇따른 상실 끝에 집안을 지탱할 사람이 절실히 필요했던 정재원은 다시 배필을 맞이했다. 그가 바로 서모 김씨였다.

남편보다 스무 살이나 어린 갓 스무 살의 아내. 예법상 정실이 아닌 소실 위치였으나 그녀가 짊어진 몫은 누구보다 무거웠다. 장성한 계자 넷이 딸린 살림을 맡았고 남편은 벼슬을 얻었다가 곧 파직되곤 했다. 넉넉지 않은 살림에 전처 자식들은 모두 과거 공부에만 매달렸다. 그러나 김씨는 원망을 드러내지 않았다. 언제나 물처럼 고요했고 풀잎처럼 낮았다.

훗날 다산은 그녀를 이렇게 회상했다.

"나는 그녀가 불행한 여인이라 생각하지 않는다. 오히려 긴 세월을 침묵으로 감내하며, 고요함 속에서 온 집안을 감싸안은 사람이라 말하고 싶다."

쓸쓸함이 많은 인생

김씨는 정재원과의 사이에서 아들 하나와 딸 셋을 두었다. 안타깝게도 이들은 정실 소생이 아니었기에 모두 서자와 서녀로 살아야 했다. 조선은 피보다 법을 앞세운 나라였다. 아무리 양반의 핏줄을 이었어도, 어머니가 첩이면 자식은 첩의 자식일 뿐이었다.

큰딸은 명재상이자 남인의 거두인 채제공의 서자 채홍근(蔡弘根)에게 시집갔다. 그러나 혼인한 지 오래지 않아 남편이 세상을 떠나 채 스무 살이 되기도 전에 과부가 되었다. 이후의 삶은 기록에서 사라졌으나, 다산은 묘지명을 통해 그 짧은 혼인과 이별을 담담히 전했다. 젊은 나이에 남편을 여의고 홀로 남아야 했던 큰딸의 처지를 어머니 김씨는 누구보다 깊이 아파했을 것이다.

둘째 딸 또한 남편을 일찍 여의었다. 이 딸 역시 자식조차 남기지 못하고 홀로 살아야 했으니 홀로 남겨진 두 딸을 바라보는 김씨의 마음은 더욱 무거웠으리라. 셋째 딸은 시집도 가지 못한 채 요절하였다.

유일한 아들 약횡(若鐄)은 학문을 즐기고 문장에도 뛰어났으나, '서자'라는 굴레에서 벗어나지 못했다. 다산이 "형벌보다 더 고통스러운 것이 서얼의 굴레이다"라고 토로했듯, 서자는 과거에 급제해도 요직에 오르기 어려웠고 혼인에도 제약이 많았다. 정약횡은 잇따라 부인을 잃는 불행을 겪었고, 어렵게 얻은 아들 하나마저 병으로 일찍 세상을 떠나보냈다. 결국 그의 핏줄은 다산의 직계와 달리 이어지지 못했다.

김씨의 생애는 자식을 기르는 기쁨보다 떠나보내는 이별의 쓸쓸함으로 채워졌다. 남편을 잃고, 딸을 묻고, 며느리를 앞세워야 했던 삶. 그토록 많은 상실을 겪으면서도 그녀는 슬픔을 드러내지 않았다. 늘 말이 적었고, 곁에 남은 이들을 더욱 살뜰히 보살폈다. 다산에게 그녀는 그런 사람이었다. 피붙이가 아님에도 어린 자신을 품어 길러준 또 한 분의 어머니. 다산은 묘지명에 이렇게 적었다.

"그런 그녀를 어찌 단순히 측실이라 이르겠는가."

서모 김씨는 남편 정재원이 묻힌 충주 하담 선영 곁이 아니라 여유당이 있는 마재 근처 양서면 용진 외진 산자락에 묻혔다. 측실인 탓도 있지만, 집안이 몰락한 탓이 더 컸다. 다산은 그 사실이 평생 마음에 걸렸다. 산기슭에 자리한 김씨의 묘는 쓸쓸했다. 다산은 묘비를 다듬고 비석 앞에 오래 앉아 있다가 나직이 중얼거렸다.

"하담에 가지 못할 바엔, 차라리 이곳이 낫겠습니다. 며느리 곁이니 덜 외롭겠습니다."

서모의 묘를 조곡으로 옮기던 날, 다산은 무덤 앞에서 시 한 수를 지었다. 그녀의 삶을 어찌 짧은 글에 다 담을 수 있겠는가. 다만 글로 남겨 오래 기억하고 싶었을 뿐이었다.

그녀의 일생을 셋으로 나눈다면	參分其一生中
그중 한 부분은 즐겁고 영화로웠네	一分其樂其榮
하담 남편 곁에 묻히지 못하였으니	旣不克從于荷之麓
차라리 세 며느리 묻힌 언덕이 낫지 않으리	無寧來依乎三婦之塋

다산이 평생
지키고자 한 네 가지 덕목

말없이 선을 행한 조상의 음덕

다산은 종종 자문했다.

"나는 누구이며, 어떤 길을 걸어가야 하는가."

그 물음에 대한 대답은 언제나 가문에서 비롯되었다. 다산의 본관은 전라도 나주이나, 집안의 실제 뿌리는 전라도 나주 옆 작은 섬 압해도이다. 그러시대 다산의 선조는 압해도에서 개성으로 이주하여 가문의 기틀을 세워나갔다. 이후 고려가 무너지고 조선이 들어서자 다시 수도 한양과 경기로 근거지를 옮겼다. 자리는 옮겨 다녔으나 뿌리와 정신은 끊기지 않았다.

다산은 어려서부터 집안 조상들에 관한 이야기를 들으며 자랐다. 어떤 이는 벼슬을 버리고 숨어 음덕을 쌓았고, 또 어떤 이는 칼날 같은 정치의 한복판에서도 침묵으로 집안을 지켰다는 이야기였다. 그 가운데서도 13대 선조 정윤종(丁允宗)은 각별한 기억으로 남았다. 고려에서 조선으로 왕조가 바뀌던 무렵, 그는 이성계의 부름을 받았으나 벼슬에 나서지 않고 황해도 배천 산골로 들어가 은거했다. 그곳에서 사람들에게 베풀며 살았는데, 다산은 이 선조를 '말없이 선을 행한 분'이라 생각하며 깊이 존경했다.

"집안에 물과 불을 늘 준비해 두었다가, 깊은 밤에 급히 필요한 이가 오면 요구에 응해 주었다. 집 앞에는 아래위로 두어 리 되는 길이 있었는데, 사람들이 넘어질까 염려하여 언제나 몸소 쓸고 닦았다."

다산은 정윤종의 선행을 "눈에 드러나지 않는 큰 덕"이라고 기록했다. 진정한 덕행은 먼저 사람에게 베푸는 친절과 배려였기 때문이다.

이런 이야기도 전해진다. 하루는 정윤종이 말을 타고 길을 가다가 한 승려를 만났다고 한다. 승려는 무거운 자루를 안장에 실어달라 청했고, 그는 기꺼이 도와주었다. 십 리를 함께 간 뒤 승려가 자루를 돌려달라 하자, 정윤종은 조금도 불쾌한 기색 없이 건네주었다. 그의 태도는 계산이 없었고, 도움도 보답도 모두 자연스러웠다.

정윤종의 인품에 감동한 승려는 그에게 길한 묏자리를 일러주었는데, 그곳이 바로 황해도 강서의 밤골[栗堅]이었다. 훗날 다산이 그곳을 직접 찾았을 때, 마을 사람들은 이미 그 바위를 '정모(丁某) 바위'라 부르고 있었다. 그는 바위 앞에서 되뇌었다.

"우리 가문이 대대로 복록을 누리는 것은, 다른 까닭이 아니라 오직 선조 정윤종 어르신의 깊은 음덕 덕분이다."

9대가 옥당에 오른 가문

다산은 13대 선조 정윤종으로부터 비롯된 조용한 음덕이 가문을 관통하는 근본임을 깊이 인식하고 있었다. 그 음덕은 세대를 거치며 학문과 벼슬로 면면히 이어졌다. 11대 선조 정자급(丁子伋)이 세조 대에 문과에 급제한 뒤 개성이 아닌 한양으로 거처를 옮긴 것은, 조선 양반 사회에서 단순한 이주가 아닌 크나큰 결단이었다. 이는 고려 왕조가 몰락한 뒤 새로운 왕조의 심장부로 가문의 운명을 옮겨 심은 사건이었다.

이때부터 나주 정씨 가문은 점차 기틀을 굳혀갔다. 뒤를 이은 정수곤·정수강 형제가 성종 대에 연이어 과거에 급제했으며, 이들의 자손인 정호공·정호관·정호선·정호서 네 형제 또한 선조와 광해군 대에 과거에 급제하여 가문의 번영을 확고히 했다.

다산은 선대 조상들을 떠올릴 때마다 마음속에 '옥당(玉堂)'이라는 말을 가슴에 새겼다. 옥당은 곧 홍문관으로, 문과에 급제한 이들 가운데에서도 학문과 문장이 뛰어난 자만이 들어갈 수 있는 자리였다. 그곳에 오른다는 것은 벼슬 이상의 의미가 있었다. 한 집안의 학문이 나라로부터 공인되었다는 뜻이었다. 다산은 이 사실을 종종 언급하곤 했다.

"우리 집안은 아홉 대가 옥당에 들었다."

과시가 아니었다. 다산에게 '옥당'은 자손에게 내세울 훈장이 아니라, 후손들이 감당해야 할 무거운 전통이었다.

"우리 집안은 글로 세상을 섬겨왔다. 나는 그 정신을 따라 살아갈 것이다."

홍문관에 올랐던 선조들의 발자취는, 유배지에서 책상 앞에 앉아 붓을 드는 순간마다 다산의 마음을 붙드는 무게가 되었다.

10년을 눈먼 자로 산 정수강의 절개

다산이 조상 중 특히 자주 떠올린 인물은 8대조 월헌 정수강(月軒 丁壽崗, 1454~1527)이다. 그는 연산군 시절 부제학에 올랐으나, 권력이 날뛰고 신하들이 죄 없이 죽어가던 세상에서 다른 길을 선택했다. 스스로 눈먼 자를 가장한 것이다. 청맹과니를 핑계로 조정에 나가지 않았고 칙명도 받지 않았다. 그렇게 일곱 해 동안 세상과 거리를 두고 몸을 숨겼다.

그 기간 동안 그는 실제 장님처럼 살았다. 마당을 걸을 때는 발을 더듬었고 문턱 앞에서는 허둥거렸다. 낮은 목소리로 사람을 불렀으며, 책은 한번도 펼치지 않았다. 아내조차 남편이 앞을 보는지 알지 못했고, 첩 또한 그를 눈먼 사람으로 믿었다. 중종반정이 일어나 연산군이 쫓겨나자 그는 마치 아무 일도 없었던 듯 조정으로 나아갔다. 그제야 사람들은 그가 모든 것을 보고 있었으면서도 끝까지 장님 행세를 했다는 사실을 알게 되었다.

다산은 정수강을 두고 "열 해를 함께 지낸 아내조차 속였으니 공의 지혜가 참으로 깊다"라며 감탄을 아끼지 않았다. 그의 지혜는 목숨을 보전하기 위한 것이 아니었다. 가문의 뿌리를 잇기 위해, 그는 자신을 내려놓는 길을 선택했다. 그 시대에는 말 한 마디, 글 한 줄로도 집안이 기울고 대가 끊기곤 했다. 정수강은 침묵으로 그 시간을 건너며 나주 정씨 한 세대를 온전히 지켜냈다. 눈을 감은 듯 살아갔으나 그의 눈은 누구보다 넓은 세상을 꿰뚫고 있었다.

훗날 정수강이 지은 한문 가전체 소설 《포절군전》은 자신의 삶을 은유한 작품이었다. 다산은 정수강을 떠올릴 때마다 이렇게 되뇌었다.

"절개는 드러내는 것이 아니라, 감추되 꺾이지 않는 것이다."

정수강은 세상의 혼란을 꿰뚫고도 흔들리지 않은 절개를 지닌 사람으로 다산에게 가장 큰 정신적 유산을 남겼다. 그의 묵묵한 침묵의 힘은 훗날 다산이 18년 유배를 견뎌낸 내력으로 이어졌는지도 모른다.

가문의 뿌리를 지탱하는 힘

다산은 늘 스스로에게 물었다. 한 집안을 지탱하는 기운은 무엇인가. 그것은 족보에 적힌 이름이나 대대로 전해 내려오는 자랑이 아니었다. 사람의 기개와 풍모란 말보다 느리게 스며들고, 가르침보다 오래 남는 것이라 믿었다. 그는 《제가승초략(題家乘抄略)》에서 집안의 가풍을 네 글자로 요약하였다. 근(謹)·졸(拙)·선(善)·양(諒), 삼가고, 꾸밈없고, 어질고, 너그러운 것. 이 네 가지 덕이야말로 한 가문의 뿌리를 지탱하는 진정한 힘이라 여겼다.

첫째, '근'은 삼감이다.

윗사람의 뜻을 거스르지 않고, 비리에 휘말리지 않는 것. 권세를 좇지 않으며, 말 한마디조차 조심하는 태도이다. 다산은 '근'이야말로 집안을 붙드는 생명줄이라 여겼다. 한 마디 실언, 한 줄 문장, 한 번의 술자리 대화가 집안을 무너뜨리던 시대였기 때문이다.

둘째, '졸'은 서툶이다.

똑똑함을 앞세우기보다 모르는 듯 물러서고, 경쟁에서는 한발 비켜서는 마음가짐이다. 다산은 이를 겁이나 둔함으로 보지 않았다. 겉으로는 어눌해 보이지만 속은 단단한 이, 느린 걸음으로 흔들림 없이 나아가는 사람, 그것이 다산이 바란 선비의 모습이었다.

셋째, '선'은 착함이다.

억울한 일을 당해도 원망으로 갚지 않고, 악을 악으로 막지 않는 마음. 분노보다 이해가 먼저였고, 그 착함이 집안을 오랫동안 지켜왔다고 그는 믿었다.

넷째, '양'은 성실함이다.

허황된 말을 삼가고, 거짓된 약속으로 남을 속이거나 실망시키지 않는 것. 다산은 "우리 집안에 명망 있는 자가 많았지만, 거짓으로 낭패를 본 이는 없었다"라고 강조한다.

근·졸·선·양, 이 네 글자는 그의 평생을 비추는 거울이었다. 정조의 총애를 받던 시절에도, 사학 괴수라는 이름으로 낙인찍혔을 때도 그는 그 원칙을 잃지 않으려 애썼다. 그리고 마침내 자식들에게 그 뜻을 전했다.

"우리 집안은 크지 않다. 하지만 바르게 살아왔다. 그 정신만은 너희가 잊지 않았으면 한다."

이 말이야말로 다산이 자손에게 남긴 가장 절실한 유산이었다. 그는 조상을 자랑으로 떠받들지 않았다. 나주 정씨 집안을 빛낸 이름들을 줄줄이 외우면서도 자신을 높이려 하지 않았다. 오히려 더 무거운 책임으로 받아들였다.

"나는 조상들의 덕을 입고 태어났으니, 그 이름에 누가 되지 않도록 살 것이다."

다산은 조상의 뿌리를 살피며, 그들이 어떤 마음으로 세상을 견뎠는지를 헤아렸다. 오늘의 사람들은 그를 '실학자'라 부르지만, 그 사상의 밑바탕에는 근·졸·선·양으로 이어진 가문의 기품이 있었다. 한 세대의 성취가 집안을 세우는 것이 아니라, 여러 세대의 조용한 선택들이 한 집안을 지켜왔음을 그는 알고 있었다. 그래서 귀하게 살기보다 곧게 살기를 택했고, 남보다 앞서기보다 묵묵히 제자리를 지켰다. 그것이 곧 가문이 일러준 삶의 방식이었다.

경계를 넘지 않은 절제

절제의 미덕을 갖춘 입향조, 정시윤

다산의 가계인 나주 정씨는 오랫동안 서울 한양에 터를 잡고 살았다. 그러다 숙종 대에 이르러 다산이 태어난 경기 광주 초부면 마현리(오늘의 남양주시 조안면 능내리)로 옮겨 왔다. 그 중심에 선 인물이 다산의 5대조, 참의공 정시윤(丁時潤, 1646~1713)이다. 그가 처음 마재에 터를 잡으면서 나주 정씨는 이른바 '입향조(入鄕祖)'를 맞게 되었다.

정시윤은 당쟁이 극심하던 숙종 시대를 살았다. 그러나 권세에도 당파에도 발을 들이지 않았다. 경신옥사, 갑술옥사, 신사옥사로 이어지는 피바람 속에서도 큰 화를 입지 않은 까닭이 여기에 있었다.

정시윤의 어린 시절은 고단했다. 부친 정언벽은 젊은 나이에 세상을 떠났고, 비통에 잠긴 어머니는 남편의 뒤를 따랐다. 하루아침에 부모를 잃은 어린 정시윤 곁에는 젖먹이 여동생만이 남았다.

고아가 된 남매를 거두어준 이는 당시 남인의 영수 허적(許積)이었다. 허적은 젖먹이 여동생을 집으로 데려와 첩에게 맡겼는데, 그녀는 허적의 서자 허견(許堅)의 어머니였다.

세월이 흘러 정시윤은 때때로 여동생을 만나러 허적의 집을 찾았다. 그러나 언제나 얼굴만 잠시 비추고 돌아섰다. 권세를 좇았다면, 여동생을 핑계 삼아 허적과 교류할 기회는 얼마든지 있었다. 하지만 그는 그 길로 들어서지 않았다. 서자 허견은 그런 태도를 못마땅히 여겼으나, 정시윤은 결코 경계 밖으로 발을 내디디지 않았다.

1680년, 허견은 인조의 손자인 복선군을 옹립하려 한다는 고변으로 능지처참을 당했다. 이 일로 부친 허적 역시 화를 피하지 못했다. 이른바 '경신대출척'이라 불리는 경신옥사였다. 남인 세력이 몰락하던 그 격변 속에서 허적 부자와 얽힌 인사들은 줄줄이 목숨을 잃었다. 그러나 정시윤만은 예외였다. 가까운 인연에도 불구하고 끝내 경계를 넘지 않은 절제가 그를 살린 것이다.

다산은 훗날 정시윤의 처신을 떠올리며 이렇게 말했다.

"사물에는 흥망성쇠가 있고 시절에는 오고 감이 있으니, 오는 것은 순히 받고 간 것은 갚지 않으니 이것이 진정 도에 가까운 것이리라."

그의 말에는 조상의 삶을 향한 존경이 담겨 있다. 화려하지도, 드러내지도 않았으나 절제와 삼감으로 가문을 지켜낸 한 사람. 정시윤의 선택은 시대의 칼날을 비켜 가는 지혜였다.

국정을 비판하는 상소를 올리다

남인이 일망타진된 이른바 경신대출척에도 살아남았던 정시윤이 벼슬에서 물러난 데는 숙종 대에 닥친 대기근의 충격이 크게 작용했다. 당시 조선은 '소빙기(小氷期)'라 불리는 혹한과 이상기후에 시달렸다. 1670년대부터 1690년대까지 한랭과 변덕스러운 날씨가 이어졌고, 그로 인한 홍수와 가뭄, 전염병이 잇따랐다. 흉년이 매해 반복되어 굶어 죽는 백성들이 속출했다.

특히 1693년부터 1699년까지 이어진 '을병대기근'은 조선 사회의 기틀을 송두리째 흔든 재앙이었다. 여섯 해 동안 150만 명에 달하는 백성이 아사하거나 전염병으로 사망했다. 길거리에는 썩어가는 시신이 가득했다. 왕조는 존망의 벼랑 끝에 몰렸으며, 민심은 끝내 무너져 내렸다. 절망과 분노는 더이상 억누를 수 없는 파도로 번져, 장길산의 난으로 폭발하였다.

백성들은 굶주리고 기강은 무너졌지만, 관리들의 부정과 비행은 날로 심해졌다. 조정은 사태를 수습하지 못한 채 우왕좌왕했다. 1697년(숙종 23) 조선은 청나라에 구휼미를 청할 수밖에 없었다. 이듬해 쌀 4만 석이 도착했으나, 청은 약속과 달리 고리대의 조건을 붙였다. 병자호란의 상처가 채 아물지 않은 상황에서 원수 같은 청나라에 손을 내밀어야 했던 일은 조선으로서는 뼈아픈 치욕이었다.

숙종 24년, 세자시강원 필선으로 있던 정시윤은 이 참사의 본질을 꿰뚫고 있었다. 그는 조정 대신들이 국정을 바로 세우지 못한 탓에 이런 비극이 일어났다고 비판하며, 신랄한 상소를 올렸다. 그의 목소리는 단호하고 결연했다.

"가뭄이 오래 이어져 기근이 극심하니 백성들이 장차 다 죽게 생겼으며, 길에는 시신이 널려 차마 말로 다 할 수 없는 지경입니다. 그런데도 목민관은 실정을 숨기고, 순찰하는 관원들도 사실을 온전히 전하지 않고 있습니다."

한양을 떠나 마재에 터를 잡다

정시윤의 강직한 상소는 곧 집권 세력의 거센 반발을 불러왔다. 청나라 쌀 수입을 주도하던 서인 세력의 심기를 거스른 것이었다. 마침내 숙종의 미움을 산 그는 삭탈관직과 함께 한양을 떠나라는 왕명을 받았다. 그 순간 정시윤은 다시는 한양 땅을 밟지 못하리라 예상했다. 배에 올라 한강 물길을 따라 내려가며 남은 노년의 삶을 의탁할 자리를 찾아 헤매다 다다른 곳이 바로 '반고(盤皐)'라는 이름의 땅이었다.

반고는 사람이 거의 살지 않는 황량한 땅이었다. 정시윤은 주인 없는 땅이라 여겼지만 쉽게 차지하지 않았다. 먼저 그곳에 터 잡고 살던 백성들을 찾아갔다.

"이 반고는 하늘이 우리에게 준 땅이다. 그렇다고 내가 함부로 차지할 수는 없다. 너희가 먼저 살았으니, 너희가 곧 이 땅의 주인이다."

당시 반고는 물길 한가운데 낮게 놓여 홍수만 나면 잠기던 땅이었다. 그러나 시간이 흐르며 강물의 흐름이 달라졌다. 북쪽에서 흘러내린 소양강이 남강과 합쳐지면서 남강의 거센 물살을 밀어냈고 강물은 귀음(龜陰, 오늘날 남양주시 조안면 능내리) 강가를 따라 흐르다가 초천(苕川) 입구에서 서쪽으로 방향을 꺾었다. 그제야 반고는 물속에서 차츰 솟아나 마현(馬峴), 곧 마재라는 마을이 형성되었고, 초천 또한 이 변화 속에서 새롭게 자리를 잡았다.

자연이 바꾼 물길은 인간의 힘이 아닌 세월의 손길이었다. 다산의 고향 마재, 곧 반고는 그렇게 물이 빚어낸 마을이었다. 동쪽에는 두 물줄기가 합쳐져 여울이 거세게 일렁였고, 서쪽은 골짜기 입구가 갈라지는 지형이라 바람이 고이지 않았다. 정시윤은 그 지세를 살펴 땅을 셋으로 나눈 뒤 서쪽 언덕에 '임청(臨淸)'이라 이름한 정자를 세웠다. 도연명의 〈귀거래사(歸去來辭)〉에서 따온 이름이었다.

동쪽 언덕에 올라 길게 휘파람을 불고	登東皐而舒嘯
맑은 물가에서 시를 읊노라	臨淸流而賦詩

정시윤은 임청정 앞에 괴송(怪松)이라 불린 특이한 소나무를 여러 그루 심었다. 세월이 흐르자 소나무들은 용이 몸을 틀고 호랑이가 웅크린 듯, 거북이 등을 낮추고 학이 목을 길게 뻗은 듯 자라났다. 그러나 지금은 그 나무들이 모두 사라졌다. 남은 것은 다산의 기록 〈임청정기(臨淸亭記)〉와 마재 사람들의 기억뿐이다.

깨달음은
바른말에서 온다

그리움의 강, 열수

다산 정약용은 북한강과 남한강이 합쳐져 굽이치는 한강가에서 태어났다. 그는 이 강을 옛 이름을 따라 '열수(洌水)'라 불렀다. 다산의 5대조 정시윤이 관직에서 물러난 뒤 한강가 '반고'에 터를 잡으면서, 열수는 나주 정씨 가문의 삶의 근거이자 정신적 고향이 되었다.

강진 유배 시절, 다산은 자주 집 뒷산인 유산(酉山)과, 고향의 강 열수를 떠올리곤 했다. 어느 날 그는 이런 시를 썼다.

저 유산 아래는	酉山之下
내가 사는 집이 있고	爰有我廬
끝없이 넓은 열수에는	洌之洋洋
물고기가 가득하네	有物其魚

강진에서 초당을 가꾸고 밭을 일구어도 삶은 허공에 매달려 있는 듯 불안했다. 집과 가족이 없는 삶은 어느 곳에서도 뿌리내릴 수 없었기 때문이다. 그래서인지 다산은 자신을 떠돌이라 여겼다. 몸은 강진에 묶여 있었으나, 마음은 늘 유산과 열수, 고향의 한강 가로 날아가고 있었다.

1818년, 기나긴 유배 끝에 고향에 돌아온 다산은 스스로를 '열수옹(洌水翁)', '열수산인(洌水山人)', '열로(洌老)', '열초(洌樵)'라 불렀다. 생전에 수많은 호를 사용했지만, 그 가운데 빠짐없이 들어간 것은 언제나 '열수'였다. 그는 자신이 열수가에 속한 사람임을 숨기지 않았다. 오히려 그것을 호에 새겨 평생의 이름으로 삼고자 했다. 두 아들에게도 다산은 늘 이렇게 일렀다.

"너희들은 열수가에서 태어났으니, 누구를 만나든 '나는 열수가에 사는 정 아무개다'라고 말하거라."

한반도의 강 이름을 다시 짓다

다산 정약용의 고향 마재는 오늘날 경기도 남양주시 조안면 능내리에 해당한다. 북한강과 남한강이 합쳐지는 합수머리에 자리한 이곳은 조선 시대 지방의 물산이 한양으로 모여드는 수운의 중심지였으며, 물길이 열리는 만큼 삶의 길도 함께 이어지는 땅이었다.

마재의 풍경은 지금도 여전히 사방이 병풍처럼 둘러싸여 절경을 이루고 있다. 강 너머 북쪽에는 검단산과 예봉산, 운길산이 웅장하게 솟았고, 동쪽으로는 팔당호가 강을 감싸며 흐르고 있다. 남쪽으로는 용마산 능선이 부드럽게 이어진다. 서쪽으로는 지금의 중부고속도로가 지나가는 평지가 열려 있다. 강과 산이 어우러진 이 마을의 풍경은 예나 지금이나 수도권에서 손꼽히는 명승지로 유명하다.

다산은 이 땅에서 태어나고 자라며, 고향 산천을 시로 노래했다.

검단산은 험난하기 짝이 없고　黔山何其險
열수는 유유하여 끝이 없구나　洌水何其長

다산이 시로 노래한 검단산은 오늘날 경기도 하남시와 광주시에 걸쳐 있다. 산세가 시원하게 열려 정상에 오르면 남한강과 북한강이 한눈에 합쳐지고, 멀리 팔당댐까지 시야에 들어온다. 검단산 자락 입구에는 지금도 '창우동(倉隅洞)'이라 불리는 지명이 남아 있다. 이름은 아마도 조선 시대 물산을 저장하던 창고에서 비롯된 듯하다. 강을 따라 실려 온 물화가 이곳에 모였다가 한양으로 들어가던 길목, 그 기억이 지명에 담겨 있는 것이다. 검단산과 열수가 맞닿은 풍경은 다산에게도 오래도록 남은 고향의 풍경이었다.

다산은 조선의 하천 이름이 체계 없이 혼용되는 현실을 아쉬워했다. 어떤 곳은 '강(江)'으로, 어떤 곳은 '수(水)'로 불리며, 명칭에 통일성이 없었다. 지리적 맥락이나 역사적 의미도 제대로 담기지 않았다. 다산은 이를 바로잡고자 모든 하천의 이름을 '수(水)'로 일원화하고, 각 하천의 성격과 역사에 맞는 이름을 새롭게 붙였다. 대동강은 '패수(浿水)', 압록강은 '녹수(綠水)', 청천강은 '살수(薩水)'라 하였으며, 자신이 태어난 한강은 '열수(洌水)'라 불렀다.

한강을 열수라 부른 까닭

그렇다면 다산은 왜 한강을 열수라 불렀을까. 그는 《사기(史記)》〈조선전〉의 기록에 주목했다.

"조선에는 습수(濕水), 산수(汕水), 열수(洌水) 세 물이 있는데, 이것이 합쳐져 열수가 된다."

다산은 이 구절을 근거로, 오늘날 남한강을 습수, 북한강을 산수로 보고 두 물줄기가 합쳐져 이루어진 강이 바로 열수, 곧 한강이라 해석했다. 나아가 '열수'라는 이름이 사라지고 '한수(漢水)'로 불리게 된 연원에도 깊은 관심을 기울였다. 그의 해석에 따르면, 한 무제가 위만 조선을 멸망시킨 뒤 열수 이북에 한사군을 설치하면서 남쪽의 삼한 사람들이 이 강을 '한나라의 강', 즉 '한수'라 불렀다는 것이다. 이후 '열수'라는 옛 이름은 점차 자취를 감추고 '한강(漢江)'이 널리 쓰이게 되었다는 주장이다. 다산은 '한강'의 '한(漢)'이 크다는 뜻의 '한(大)'이 아니라, 중국 한나라를 뜻하는 역사적 맥락에서 비롯된 명칭이라고 보았다.

이러한 문제의식은 그가 남긴 어학서 《아언각비(雅言覺非)》에서도 분명히 드러난다. '아언'은 바른말을, '각비'는 잘못을 깨닫는다는 뜻이다. 다산은 이 책에서 당대 조선 사회에 혼용되던 말과 글의 의미와 어원을 고증하며, 혼란스러운 언어 질서를 바로잡고자 했다.

"학(學)이란 무엇인가? 학이란 깨닫는 것이다. 깨닫는 것이란 무엇인가? 잘못된 것을 깨닫는 것이다. 잘못된 것은 어떻게 깨닫는가. 바른말에서 깨닫는다."

그가 《아언각비》 서문에서 던진 이 질문은 곧 그의 학문관을 보여준다. 다산에게 배움은 오류를 수정하는 데 있었고, 참된 지식은 바로 그 과정에서 태어났다. 강의 이름을 바로잡으려는 그의 시도도 이와 다르지 않았다. 하천의 명칭을 정리한다는 것은 단순히 지리 문제를 다루는 것이 아니라, 언어의 질서를 세우고 인식의 혼란을 바로잡으며 세계를 이해하는 새로운 틀을 세우려는 실학자의 실천적 태도였다.

조선을 품은 강, 열수

오늘날의 하천은 더 이상 사람들의 삶 한가운데 있지 않다. 그러나 과거의 강은 생명의 터전이었고 삶의 시작과 끝이 함께 흘러가는 자리였다. 두 물줄기가 합쳐지는 합수머리는 풍요의 땅이었으며, 다산이 태어나 자란 열수 또한 오랫동안 사람들의 삶을 품어 온 강이었다.

삼면이 바다로 둘러싸인 반도의 나라 조선은 수많은 하천이 씨줄과 날줄처럼 얽혀 흘렀다. 길이 드물던 시절, 사람들은 배에 삶을 싣고 물길을 따라 나아갔다. 다산은 이렇게 썼다.

"나라에는 수레가 없고, 망아지가 달리는 풍속도 없다. 모든 일용 백물은 배로 나르거나, 사람이 이고 지는 두 방법뿐이니, 배의 쓰임이 참으로 긴요하다."

열수는 한 사람의 고향이었고, 한 시대의 나라를 품은 강이었다. 다산이 끝내 남긴 이름이 '열수옹(洌水翁)'이었듯, 그의 삶은 열수와 함께 시작해 열수로 돌아갔다.

〈손자병법을 읽고 [讀孫武子]〉

인생이란 그저 먼 길 떠나는 나그네 같아	人生如遠客
평생을 갈림길에서 방황하며 살아왔지	終歲在路岐
유교 경전은 그 자체로도 즐거웠으나	六經本可樂
구가의 학설들까지도 두루 알고자 했네	九流思徧窺
분발한 마음으로 병서를 펼쳐 들고	慷慨讀兵書
만고에 공을 세우겠노라 다짐했지	萬古期一馳
하지만 그런 뜻은 참으로 지나친 것이었고	此意良已淫
책을 덮고는 길게 한숨을 내쉴 뿐이네	掩卷一長噫
호걸은 가까이하기 어려운 존재	豪士不可近
그들이 혹 내 식견을 도구로 삼을까 두렵네	恐以我爲資
범인 또한 가까이하기 어렵구나	庸人不可近
나를 스승으로 삼으려 할까 염려스럽네	恐以我爲師
차라리 초연히 혼자 길을 걷는 것이	超然得孤邁
나의 뜻을 위로하는 길일지도 모르겠네	庶慰我所思

【다산 연보】

1762(영조 38, 1세) 6월 16일	광주 마현리 출생(본관 압해, 자 미용·송보, 호 사암·다산)
1763(영조 39, 2세)	완두창 앓음
1765(영조 41, 4세)	천자문 배우기 시작
1767(영조 43, 6세)	부친 연천현감 부임지에서 교육 받음
1768(영조 44, 7세)	오언시 짓기 시작, '삼미자' 자칭
1770(영조 46, 9세)	모친 해남 윤씨 별세
1771(영조 47, 10세)	경서·사서 수학
1774(영조 50, 13세)	두보 시풍 모사, 문명 드러남
1776(영조 52, 15세)	관례, 풍산 홍씨와 혼인; 서울 남촌 거주
1777(정조 1, 16세)	성호 이익 학문 사숙, 화순 등 유람
1778(정조 2, 17세)	형 약전과 《맹자》 강독
1779(정조 3, 18세)	천진암 강학회 참여(서학 첫 접촉)
1780(정조 4, 19세)	예천에서 독서·시, 겨울 귀향
1781(정조 5, 20세)	서울에서 과시 공부, 딸 사망
1782(정조 6, 21세)	창동에 집 마련
1783(정조 7, 22세)	생원시 합격, 첫아들 학연 출생
1784(정조 8, 23세)	《중용 강의》 바침, 정조 감탄
1785(정조 9, 24세)	반제·감제 수석, 《대전통편》 하사

1786(정조 10, 25세)	별시 초시 합격, 둘째 학유 출생
1787(정조 11, 26세)	반제 수석, 《국조보감》 하사
1788(정조 12, 27세)	반제 수석, 정조 하문 받음
1789(정조 13, 28세)	전시 급제, 초계문신 등용, 셋째 구장 출생
1790(정조 14, 29세)	예문관 검열, 해미 정배 후 복직
1791(정조 15, 30세)	〈시경의〉 올려 비지 받음. 진산사건 발생
1792(정조 16, 31세)	홍문관 수찬, 부친상, 수원성 축성 참여
1793(정조 17, 32세)	부친상 후 여막 생활
1794(정조 18, 33세)	직강·비변랑·수찬, 경모궁 도청 주관
1795(정조 19, 34세)	동부승지·병조참의, 화성행차 수행
1796(정조 20, 35세)	병조참지·좌부승지 등 역임, 《사기영선》 교정
1797(정조 21, 36세)	곡산부사, 《마과회통》 완성
1798(정조 22, 37세)	《사기찬주》, 곡산 제도 개선
1799(정조 23, 38세)	형조참의, 여섯째 농아 출생.
1800(정조 24, 39세)	정조 승하, 귀거 결심, 여유당 강학 시작
1801(순조 1, 40세)	책롱사건으로 장기 유배, 이후 강진으로 이배
1802(순조 2, 41세)	큰아들 근친, 넷째 농장 요절
1803(순조 3, 42세)	《단궁잠오》, 《조전고》 등 예학서 완성
1804(순조 4, 43세)	《아학편훈의》 저술
1805(순조 5, 44세)	《정체전중변》 3권, 〈승암문답〉 52칙 기록
1807(순조 7, 46세)	장손 대림 출생, 《상례사전》 완성
1808(순조 8, 47세)	다산초당 건립, 《주역심전》·《주역서언》 저술
1809(순조 9, 48세)	《상례외편》, 《시경강의》 편찬
1810(순조 10, 49세)	《가례작의》, 《소학주관》 등 저술

1811(순조 11, 50세)	《아방강역고》 완성
1812(순조 12, 51세)	《춘추고징》 완성
1813(순조 13, 52세)	《논어고금주》 40권 완성
1814(순조 14, 53세)	《맹자요의》, 《대학공의》, 《대동수경》
1815(순조 15, 54세)	〈심경밀험〉, 〈소학지언〉
1816(순조 16, 55세)	형 약전 별세
1817(순조 17, 56세)	《상의절요》, 《방례초본》 저술 시작
1818(순조 18, 57세)	《목민심서》 완성, 해배 귀향
1819(순조 19, 58세)	《흠흠신서》, 《아언각비》 완성
1820(순조 20, 59세)	윤정언 묘지명
1821(순조 21, 60세)	〈사대고례산보〉, 큰형 약현 타계
1822(순조 22, 61세)	회갑, 〈자찬묘지명〉, 신작에게 답서
1823(순조 23, 62세)	승지 후보 낙점 취소
1827(순조 27, 66세)	윤극배의 무고 불발
1830(순조 30, 69세)	문산 이재의가 찾아옴
1834(순조 34, 73세)	《상서고훈》·《지원록》·《매씨서평》 개정
1836(헌종 2, 75세) **2월 22일**	여유당에서 별세, 4월 1일 마현리에서 장사
1910(융희 4)	규장각 제학 추증, 시호 문도(文度) 봉호

마흔에 읽는 다산

초판 1쇄 발행 2025년 12월 8일

지은이　　정성희
펴낸이　　문채원

펴낸곳　　도서출판 사우
출판　　　등록 2014-000017호
전화　　　02-2642-6420
팩스　　　0504-156-6085
전자우편　sawoopub@gmail.com

ISBN 979-11-94126-11-9 03910